Poonam Ponde

Análise exploratória de dados com Python

Poonam Ponde

Análise exploratória de dados com Python

Um guia de referência rápida

ScienciaScripts

Imprint

Any brand names and product names mentioned in this book are subject to trademark, brand or patent protection and are trademarks or registered trademarks of their respective holders. The use of brand names, product names, common names, trade names, product descriptions etc. even without a particular marking in this work is in no way to be construed to mean that such names may be regarded as unrestricted in respect of trademark and brand protection legislation and could thus be used by anyone.

Cover image: www.ingimage.com

This book is a translation from the original published under ISBN 978-620-7-45407-5.

Publisher:
Sciencia Scripts
is a trademark of
Dodo Books Indian Ocean Ltd. and OmniScriptum S.R.L publishing group

120 High Road, East Finchley, London, N2 9ED, United Kingdom
Str. Armeneasca 28/1, office 1, Chisinau MD-2012, Republic of Moldova, Europe
Printed at: see last page
ISBN: 978-620-8-02983-8

Conteúdo

Prefácio 2

Reconhecimento 3

CAPÍTULO 1 4

CAPÍTULO 2 10

CAPÍTULO 3 15

CAPÍTULO 4 23

CAPÍTULO 5 37

Referências 51

Prefácio

É com imenso prazer que apresento este livro sobre Análise Exploratória de Dados utilizando Python: Um Guia de Referência Rápida. A exploração de dados é o primeiro passo crucial em qualquer jornada de análise de dados. Envolve desvendar os mistérios dos conjuntos de dados, compreender padrões e relações ocultas. Python, com o seu rico ecossistema de bibliotecas como NumPy, Pandas, Matplotlib, Seaborn, entre outras, fornece uma plataforma ideal para efetuar uma análise exploratória de dados eficaz e eficiente.

Quem deve ler este livro?

Quer seja um cientista de dados experiente, um analista curioso ou um principiante a dar os primeiros passos no mundo dos dados, este guia de referência rápida foi concebido para satisfazer as suas necessidades. O livro pressupõe um conhecimento básico de Python, tornando-o acessível a um vasto leque de leitores. Cada capítulo foi concebido para ser um recurso autónomo, permitindo-lhe encontrar rapidamente a informação de que necessita.

O que este livro aborda:

Este livro aborda os conceitos básicos da Análise Exploratória de Dados, uma visão geral rápida das bibliotecas Python essenciais para a análise de dados, com exemplos práticos para começar. Abrange as etapas básicas da AED, nomeadamente a limpeza e o pré-processamento de dados, a análise univariada, a análise bivariada e a análise multivariada. O livro também aborda as visualizações, que desempenham um papel importante na AED.

Estou certo de que este livro será um companheiro útil para estudantes ou profissionais que pretendam efetuar Análise Exploratória de Dados em qualquer conjunto de dados.

Dr. Poonam Ponde

Departamento de Informática

Colégio Nowrosjee Wadia, Pune.

Agradecimentos

Escrever um livro implica o apoio e o encorajamento de numerosas pessoas. Agradeço sinceramente a todos aqueles cujos contributos tornaram possível este projeto:

Os meus Alunos sempre me motivaram para novas aventuras e áreas de estudo. Este livro é um reflexo da curiosidade e dedicação que trazem ao estudo da análise de dados.

Gostaria de agradecer à direção da Sociedade de Educação Moderna, ao diretor e aos vice-diretores, ao pessoal docente e não docente do Nowrosjee Wadia College, Pune, pelo apoio institucional que me proporcionou os recursos e o ambiente propícios ao ensino e à escrita.

A minha formação académica foi enriquecida pelo feedback de qualidade e pelas trocas intelectuais com os meus colegas do Departamento de Informática.

Um agradecimento especial à equipa editorial pelo seu profissionalismo, orientação e empenho em fornecer um produto de alta qualidade.

A minha família e amigos merecem uma menção especial pelo seu apoio e encorajamento inabaláveis ao longo desta jornada.

Por último, mas não menos importante, para vós, os leitores. Obrigado por escolherem explorar o mundo da análise exploratória de dados com Python através deste guia. Espero que ele seja um recurso valioso nos seus esforços de análise de dados.

Com os nossos sinceros agradecimentos,

Poonam Ponde

## CAPÍTULO 1

Como começar

1.1 Introdução

Vivemos atualmente num mundo orientado para os dados. Tudo o que fazemos gera dados. Há alguns anos, a quantidade de dados era substancialmente menor. Os dados estavam disponíveis num formato bem conhecido e organizado que podíamos guardar fácil e rapidamente em bases de dados e folhas de cálculo. Podiam ser processados eficazmente com a ajuda das tecnologias existentes. No entanto, atualmente produzimos enormes quantidades de dados a cada segundo. As dimensões dos dados são atualmente descritas em termos de TB (TeraBytes), PB (PetaBytes) e ZB (ZettaBytes) em vez de MB ou GB. Assim, a gestão de um volume tão vasto de dados tornou-se bastante difícil. Em comparação com as ferramentas convencionais, precisamos de alguns algoritmos e tecnologias mais robustos e sofisticados para tratar e analisar este enorme volume de dados. Para dar sentido a este enorme volume de dados, é necessário efetuar uma análise de dados.

O que é a análise de dados?

A análise de dados é a arte de extrair padrões, fazer inferências e tomar decisões informadas a partir dos dados.

1.2 Análise exploratória de dados

Os dados englobam um grande conjunto de objectos discretos, números, palavras, acontecimentos, factos, medições, observações ou mesmo descrições de coisas. Não é fácil interpretar as informações que os dados produzem simplesmente observando uma grande quantidade de valores de dados. A Análise Exploratória de Dados (AED) é um passo importante que nos ajuda a analisar os dados antes de fazer quaisquer suposições. Pode ajudar a identificar erros óbvios, bem como a compreender melhor os padrões dentro dos dados, a detetar valores atípicos ou eventos anómalos e a encontrar relações interessantes entre as variáveis.

A análise exploratória de dados é um passo inicial na análise de dados. É quando o analista tem uma visão panorâmica dos dados e tenta dar-lhes algum sentido. O trabalho seminal em Análise Exploratória de Dados é de John W. Tukey no seu artigo "The Future of Data Analysis" em 1962.

Assim, a EDA é:

A EDA é

... o processo de visualização e análise de dados para extrair informações dos mesmos.

...um processo de análise do conjunto de dados disponíveis para descobrir padrões, detetar anomalias, testar hipóteses e verificar pressupostos utilizando medidas estatísticas.

Um processo de análise ou compreensão dos dados e de extração de conhecimentos ou das principais caraterísticas dos dados.

.a análise dos dados e a obtenção de conhecimentos.

Vantagens da EDA

A Análise Exploratória de Dados (AED) é uma etapa crucial no processo de análise de dados que envolve o resumo das principais caraterísticas de um conjunto de dados, muitas vezes com a ajuda de gráficos estatísticos. Segue-se uma lista pontual das vantagens e da necessidade da análise exploratória de dados:

1. Compreender os dados: A EDA ajuda a obter uma compreensão preliminar do conjunto

de dados, da sua estrutura e das variáveis envolvidas.

2. Identificação de padrões e tendências: A EDA permite a identificação de padrões, tendências e relações nos dados, o que pode fornecer informações valiosas.

3. Deteção de valores atípicos: A EDA ajuda a identificar valores atípicos ou anomalias nos dados que podem afetar os resultados das análises estatísticas.

4. Avaliação da qualidade dos dados: A EDA ajuda a avaliar a qualidade dos dados, revelando valores em falta, inconsistências ou erros que podem ter de ser resolvidos.

5. Estatísticas de resumo: A EDA fornece estatísticas de resumo (média, mediana, moda, variância, etc.) que oferecem uma visão geral concisa do conjunto de dados.

6. Visualização da distribuição de dados: A EDA utiliza representações gráficas como histogramas, gráficos de caixa e gráficos de densidade para visualizar a distribuição de dados, ajudando na compreensão da sua forma.

7. Identificação de variáveis: A AED ajuda a identificar os tipos de variáveis (categóricas, numéricas, ordinais) e a compreender a sua natureza, o que é essencial para selecionar os métodos estatísticos adequados.

8. Formulação de hipóteses: A AED ajuda a formular hipóteses e a orientar outras análises mais direcionadas com base em observações iniciais dos dados.

9. Transformação de dados: A EDA pode revelar a necessidade de transformação de dados (por exemplo, normalização ou padronização) para cumprir os pressupostos de determinados métodos estatísticos.

10. Engenharia de caraterísticas: A EDA pode sugerir potenciais caraterísticas ou combinações de caraterísticas que podem ser úteis na construção de modelos de previsão.

11. Comunicação dos resultados: A EDA ajuda a comunicar eficazmente as principais conclusões e conhecimentos às partes interessadas ou a outros membros da equipa.

12. Orientar a seleção de modelos: A EDA pode orientar a seleção de técnicas de modelação adequadas com base na natureza dos dados e das relações observadas.

13. Melhorar a tomada de decisões: A AED contribui para a tomada de decisões informadas, proporcionando uma compreensão abrangente do conjunto de dados e das suas implicações.

Em resumo, a análise exploratória de dados é uma etapa fundamental que facilita uma compreensão mais profunda do conjunto de dados, informa as análises subsequentes e contribui para a tomada de decisões informadas com base nos dados.

1.3 Áreas de aplicação

Aplicações

A Análise Exploratória de Dados é utilizada em quase todas as áreas, incluindo

i. Comércio eletrónico e retalho: Analisar dados sobre produtos, vendas e clientes para maximizar as receitas e a rentabilidade.

ii. Banca e finanças: As instituições financeiras, como os bancos, etc., utilizam a análise de dados para a análise de riscos, a deteção de fraudes e a deteção de transacções invulgares e de fraudes de seguros.

iii. Cuidados de saúde: Para o diagnóstico, análise dos dados dos pacientes para prever doenças e problemas de saúde, imagiologia médica, classificação do tipo de sintomas, previsão de deficiências de saúde, assistência virtual aos pacientes, melhoria dos cuidados aos pacientes, etc.

iv. Educação: Para maximizar a produtividade dos alunos, melhorar a tomada de decisões administrativas, otimizar a atribuição de recursos organizacionais, identificar alunos rápidos e lentos, prever notas, etc.

v. Desporto: Para analisar o desempenho dos jogadores, prever resultados, evitar lesões e determinar se uma equipa vai ganhar ou perder um jogo. As estatísticas sobre jogadores e equipas, condições meteorológicas, vitórias/derrotas anteriores e outros factores são analisados para planeamento.

vi. Entretenimento: Para recomendações personalizadas, previsão, investigação operacional, modelação de tópicos, segmentação de utilizadores e recomendações de conteúdos.

vii. Governo: Para o planeamento e o desenvolvimento, a proteção do ambiente, a prevenção e a deteção de crimes, o combate aos ciberataques e a salvaguarda de informações sensíveis, a verificação de documentos e da identidade, a melhoria dos sistemas de defesa, a vigilância e muitos outros fins.

1.4 Tipos de dados

Os dados são um conjunto de factos e valores em bruto, como observações e descrições, que devem ser analisados e processados. Os dados provêm de várias fontes e em vários formatos. *Os dados podem ser classificados nos seguintes tipos.*

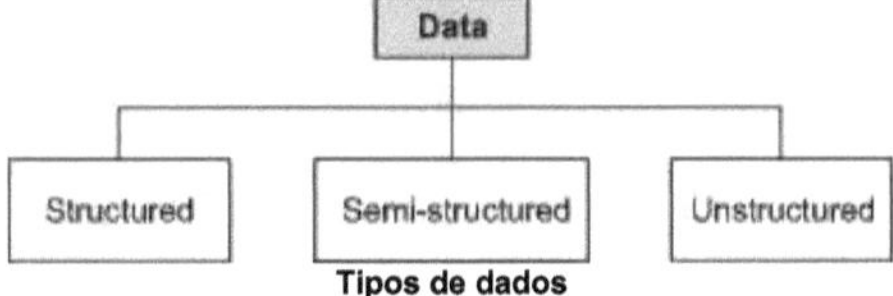

Tipos de dados

Dados estruturados

Os dados estruturados estão bem organizados, são altamente específicos e estão armazenados num formato predefinido. Estes dados são normalmente armazenados sob a forma de tabelas em bases de dados relacionais ou em folhas de cálculo em categorias ou campos específicos. É fácil ler, organizar, consultar, gerir e armazenar dados estruturados utilizando linguagens e ferramentas de programação.

Código	Nome da cidade	Estado
1	Mumbai	Maharashtra
2	Chennai	Tamilnadu
3	Jaipur	Rajastão

Dados semi-estruturados

Os dados semi-estruturados não seguem rigorosamente um esquema ou uma estrutura rígida como a necessária para as bases de dados relacionais. Não têm um modelo de dados relacional ou tabular específico, mas incluem algumas propriedades organizacionais como metadados, etiquetas ou marcadores semânticos que facilitam a análise dos dados. Com algum processamento, pode ser convertido em registos e campos num conjunto de dados. Por exemplo,

```
## Ordem 1
"customerID": "5432",
"nome": {
"primeiro": "AA",
"last": "BB" },
"orderDate": "16/9/2021"
```

J

Exemplos comuns de dados semi-estruturados são JSON (JavaScript Object Notation), XML (eXtensible Markup Language), armazenamentos de valores-chave, bases de dados NoSQL e bases de dados de grafos.

Dados não estruturados

Os dados não estruturados são dados que não estão organizados de uma forma predefinida ou que não têm um modelo de dados predefinido. Podem ser um parágrafo de um livro, um e-mail, um discurso áudio, um vídeo cctv, publicações e comentários nas redes sociais, etc. Os dados não estruturados, normalmente classificados como dados qualitativos, não podem ser processados e analisados através de ferramentas e métodos de dados convencionais.

1.5 Os 5 V's

Os 5V são as propriedades, caraterísticas ou dimensões definidoras dos dados (normalmente utilizados com os grandes volumes de dados).

i.   **Volume:** A quantidade de dados gerados é designada por volume de dados. A quantidade de armazenamento e processamento necessária para processar os dados aumenta à medida que o volume aumenta.

ii. **Variedade:** Os dados estão disponíveis numa variedade de formas e estruturas. A variedade refere-se a todos os dados estruturados, semi-estruturados e não estruturados produzidos por seres humanos ou máquinas. Estes incluem texto, números, fotografias, áudio, vídeo, correio eletrónico, dados de sensores, publicações em redes sociais, tweets, imagens médicas, dados de fluxo contínuo, etc.

iii. **Velocidade:** Velocidade: A velocidade é uma medida da rapidez com que os dados estão a chegar. Os dados podem ser criados a um ritmo mais lento ou mais rápido. Considere quantas mensagens SMS, publicações no Facebook, transacções UPI ou passagens de cartão de crédito são enviadas por minuto numa determinada operadora de telecomunicações para obter uma indicação da velocidade dos dados.

iv. **Veracidade:** Qual o grau de exatidão dos dados?

v. **Valor:** Qual é o valor dos dados recolhidos?

1.6 Etapas da análise exploratória de dados

As principais etapas realizadas para efetuar a AED são as seguintes

1. Recolha de dados

Atualmente, é gerado um enorme volume de dados. Os dados podem provir de várias fontes e apresentam-se em vários formatos. Sem a recolha de dados suficientes e relevantes, não é possível iniciar as actividades de análise.

2. Compreender os dados

Antes de iniciar a análise de dados, o primeiro passo é obter uma compreensão de alto nível do conjunto de dados. Verifique o número de linhas e colunas e identifique os tipos de valores de dados e os seus significados.

3. Limpar os dados

Os dados recolhidos podem ter vários problemas. Por exemplo, podem conter valores nulos e informações irrelevantes. Estes devem ser removidos para que os dados contenham apenas os valores relevantes e importantes. O pré-processamento de dados trata de todas as questões, como a identificação de valores nulos, outliers, deteção de anomalias, etc.

4. Identificar variáveis correlacionadas

Encontrar uma correlação entre variáveis ajuda a saber como uma determinada variável está relacionada com outra.

5. Estatísticas descritivas

Dependendo dos dados, categóricos ou numéricos, da dimensão, do tipo de variáveis e do objetivo da análise, são utilizadas diferentes ferramentas estatísticas. São normalmente utilizadas medidas como a mediana, a moda, o desvio preferencial, a amplitude e os percentis.

6. Visualização de dados

A EDA utiliza técnicas visuais para representar os dados graficamente. As visualizações que consistem em histogramas, gráficos de caixa, gráficos de dispersão, gráficos de linhas, mapas de calor e gráficos de barras ajudam a identificar estilos, tendências e relações entre os factos.

1.7 Análise univariada, bivariada e multivariada

1. Análise univariada: Envolve o exame de uma única variável de cada vez. O seu objetivo é compreender a distribuição, a tendência central e a variabilidade das variáveis individuais. As técnicas utilizadas são a média, a mediana, a moda, a amplitude, a variância e o desvio padrão. As visualizações incluem histogramas, gráficos de caixa, gráficos de barras e distribuições de frequência.

Exemplo: Analisar a distribuição das notas dos alunos de uma turma utilizando um histograma.

2. Análise bivariada: Envolve o exame de duas variáveis em simultâneo para compreender as relações entre elas. O seu objetivo é explorar a forma como uma variável se relaciona com outra e identificar padrões ou correlações. As técnicas utilizadas são Coeficientes de correlação: Quantificam a força e a direção da relação. As visualizações incluem gráficos de dispersão para visualizar a relação entre duas variáveis contínuas.

Exemplo: Investigar a correlação entre as horas de estudo e as notas dos exames utilizando um gráfico de dispersão.

3. Análise multivariada: Envolve o exame simultâneo de três ou mais variáveis para compreender relações complexas. O seu objetivo é descobrir padrões, interações e dependências entre múltiplas variáveis. As técnicas são a Regressão Multivariada para analisar o impacto de múltiplas variáveis independentes numa variável dependente, a Análise de Componentes Principais (ACP) para reduzir a dimensionalidade e identificar padrões dominantes em dados de elevada dimensão, a Análise de Clusters para agrupar observações com base em semelhanças em múltiplas variáveis.

Exemplo: Estudar a influência das horas de estudo, assiduidade e qualidade do sono nas classificações dos exames utilizando a regressão multivariada.

## CAPÍTULO 2

Python para
análise exploratória de dados

O Python é amplamente utilizado para a análise exploratória de dados (EDA) devido ao seu rico ecossistema de bibliotecas e ferramentas que facilitam a exploração eficiente dos dados. Pacotes como o Pandas oferecem estruturas de dados e funções poderosas para manipulação de dados, limpeza e tratamento de valores em falta. O Matplotlib e o Seaborn fornecem capacidades de visualização versáteis, permitindo a criação de gráficos e diagramas perspicazes para compreender a distribuição e as relações entre os dados. Os Jupyter Notebooks oferecem um ambiente interativo e colaborativo, permitindo que os analistas documentem o seu processo de EDA passo a passo. Além disso, a integração do Python com bibliotecas estatísticas como o NumPy e bibliotecas analíticas avançadas como o scikit-learn permite uma análise estatística abrangente e tarefas de aprendizagem automática durante a fase de exploração.

2.1 Instalar o Python

Existem 2 abordagens para instalar o Python:

i. Pode descarregar o Python diretamente do sítio do seu projeto e instalar componentes e bibliotecas individuais

(https://www.python.org/downloads/)

ii.Em alternativa, pode descarregar e instalar um pacote como o Anaconda, que vem com bibliotecas pré-instaladas.

(https://www.anaconda.com/products/individual)

Escolher um ambiente de desenvolvimento

Depois de instalar o Python, existem várias opções para escolher um ambiente. Aqui estão as 4 opções mais comuns:

1. Baseado em terminal / Shell
2. IDLE
3. Bloco de notas iPython (bloco de notas Jupyter)
4. Google Colaboratory

1. Terminal/Shell

Abra o terminal procurando-o no painel de controlo ou premindo Ctrl + Alt + T. Clique com o botão direito do rato no ambiente de trabalho e clique em Terminal e, no terminal, escreva

```
python
```

Deverá ver uma janela como esta. Na linha de comandos, escreva qualquer comando Python e prima enter para executar o comando.

Executar um script Python:

Os programas Python são muito semelhantes aos ficheiros de texto; podem ser escritos com algo tão simples como um editor de texto básico. Escreva e guarde o script como um ficheiro de texto com a extensão .py

Para executar um script (programa) Python, navegue no terminal para o diretório onde o script está localizado utilizando o comando cd. Escreva `python nome_do_programa.py` no terminal para executar o script.

2. IDLE

IDLE significa Integrated Development and Learning Environment (Ambiente Integrado de Desenvolvimento e Aprendizagem). IDLE é o Ambiente Integrado de Desenvolvimento e Aprendizagem do Python. IDLE, é um IDE muito simples e sofisticado desenvolvido principalmente para iniciantes. Ele oferece uma variedade de recursos como shell Python com realce de sintaxe, editor de texto multi-janela, autocompletar de código, recuo inteligente, animação de programa e passo para depuração, etc. (https://docs.python.org/3/library/idle.html)

3. Bloco de notas Jupyter

O Jupyter Notebook é uma aplicação Web de código aberto que pode ser utilizada para criar e partilhar documentos que contenham código em tempo real, equações, visualizações e texto. Precisa de ser instalado separadamente. Pode utilizar uma ferramenta útil que vem com o Python chamada **pip** para instalar o Jupyter Notebook desta forma:

```
$ pip install jupyter
```

A outra distribuição mais popular do Python é o **Anaconda**. Anaconda tem sua própria ferramenta de instalação chamada **conda** que é usada para instalar pacotes.

No entanto, o Anaconda vem com muitas bibliotecas científicas pré-instaladas, incluindo o Jupyter Notebook (https://jupyter.org/)

4. Google Colaboratory

O Colaboratory, ou "Colab", é um produto da Google Research. O Colab permite que qualquer pessoa escreva e execute código python arbitrário através do navegador e é especialmente adequado para a ciência de dados, análise de dados e aprendizagem automática

.

(https://colab.research.google.com/notebooks/intro.ipynb)

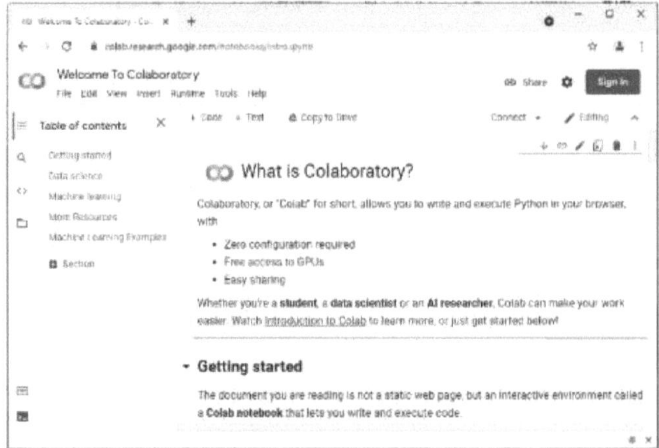

2.2 Ferramentas Python para EDA

Existe uma grande variedade de ferramentas de código aberto disponíveis, desde aplicações a linguagens de programação, incluindo programação Python, programação R, SAS (Statistical Analysis System), Tableau, Microsoft Excel, RapidMiner, Knime, Apache Spark e outras. Neste livro, utilizaremos a linguagem de programação Python, bibliotecas e pacotes para efetuar a análise de dados.

Bibliotecas Python para processamento de dados

- **NumPy** é o acrónimo de Numerical Python. Esta biblioteca é utilizada principalmente para trabalhar com matrizes. As operações incluem a adição, o corte, a multiplicação, o achatamento, a remodelação e a indexação das matrizes. Esta biblioteca também contém funções básicas de álgebra linear, transformadas de Fourier, capacidades avançadas de números aleatórios, etc.

- **SciPy** é o acrónimo de Scientific Python. SciPy é construído sobre NumPy. É uma das bibliotecas mais úteis para uma variedade de módulos de ciência e engenharia de alto nível, como transformada discreta de Fourier, Álgebra Linear, Otimização e matrizes esparsas.

- **O Pandas** é utilizado para operações e manipulações de dados estruturados. O Pandas fornece várias estruturas de dados e operações de alto desempenho e fáceis de utilizar para manipular dados sob a forma de tabelas numéricas e séries cronológicas. Permite uma fácil manipulação de dados, agregação de dados, leitura e escrita de dados, bem como a visualização de dados. O Pandas também pode receber dados de diferentes tipos de ficheiros, como CSV, Excel, etc., ou de uma base de dados SQL e criar um objeto Python conhecido como uma estrutura de dados. As duas principais estruturas de dados que o Pandas suporta são:

o Séries: As séries são estruturas de dados unidimensionais que são uma coleção de qualquer tipo de dados.

o DataFrames: Os DataFrames são estruturas de dados bidimensionais que se assemelham a uma tabela de base de dados ou a uma folha de cálculo do Excel.

- **Statsmodels** para modelação estatística. Statsmodels faz parte da pilha científica Python, orientada para a ciência de dados, análise de dados e estatística. Permite aos utilizadores explorar dados, estimar modelos estatísticos e realizar testes estatísticos. Está disponível uma extensa lista de estatísticas descritivas, testes estatísticos, funções de plotagem e estatísticas de resultados para diferentes tipos de dados e cada estimador.

Bibliotecas Python para visualização de dados

- **Matplotlib** para traçar uma grande variedade de gráficos, como gráficos de barras, gráficos de pizza, histogramas, gráficos de dispersão, histogramas, gráficos de linhas e gráficos de calor. O Matplotlib pode ser utilizado em scripts Python, nos shells Python e IPython, no caderno Jupyter, em servidores de aplicações Web, etc. Pode ser utilizado para incorporar gráficos em aplicações. O módulo Pyplot também fornece uma interface semelhante ao MATLAB que é igualmente versátil e útil.

Seaborn para visualização de dados estatísticos. Seaborn é uma biblioteca de visualização de dados Python que se baseia no Matplotlib e está intimamente integrada com as estruturas de dados numpy e pandas. É utilizada para criar gráficos estatísticos atractivos e informativos em Python.

- **Plotly** O Plotly é uma biblioteca de gráficos de código aberto gratuita que pode ser utilizada para criar visualizações de dados. O Plotly (plotly.py) é construído sobre a biblioteca Plotly JavaScript (plotly.js) e pode ser utilizado para criar visualizações de dados baseadas na Web que podem ser apresentadas em notebooks Jupyter ou aplicações Web utilizando o Dash ou guardadas como ficheiros HTML individuais.

- **Bokeh** para criar gráficos interativos, painéis de controlo e aplicações de dados em navegadores Web modernos. Permite ao utilizador gerar gráficos elegantes e concisos ao estilo do D3.js. Além disso, tem a capacidade de interatividade de elevado desempenho em conjuntos de dados muito grandes ou em fluxo contínuo.

Bibliotecas Python para extração de dados

- **BeautifulSoup** é uma biblioteca de análise em Python que permite a recolha de dados da Web a partir de documentos HTML e XML.

- **Scrapy** para rastreio da Web. É uma estrutura muito útil para obter padrões específicos de dados. Tem a capacidade de começar no URL inicial de um sítio Web e, em seguida, percorrer as páginas Web desse sítio para recolher informações. Fornece-lhe todas as ferramentas de que necessita para extrair dados de sítios Web de forma eficiente, processá-los como quiser e armazená-los na sua estrutura e formato preferidos.

2.3 Instalar uma biblioteca

Python vem com um gerenciador de pacotes para pacotes Python chamado **pip** que pode ser usado para instalar uma biblioteca. PIP é um acrónimo recursivo para "Preferred Installer Program" ou "PIP Installs Packages"

```
pip install nome-do-pacote
```

Importação de uma biblioteca

O primeiro passo para usar um pacote é importá-lo para o ambiente de programação. Existem várias formas de o fazer em Python: `import package-name`

```
importar nome-do-pacote como alias
from nome-do-pacote import *
```

Em i), o nome do pacote especificado é importado para o ambiente. Subsequentemente, temos de utilizar o nome completo do pacote sempre que tivermos de aceder a qualquer função ou método.

Exemplo:

```
importar numpy
a = numpy.array([2, 3, 4,5])
```

Em ii, definimos um alias para o nome do pacote. Em vez de utilizar o nome completo do pacote, pode ser utilizado um pseudónimo curto.

```
importar numpy as np
a = np.array([2, 3, 4,5])
```

Em iii, importámos todo o espaço de nomes do pacote, ou seja, pode utilizar diretamente todos os métodos e operações sem fazer referência ao nome do pacote.

```
from numpy import * a = array([2, 3, 4,5])
```

## CAPÍTULO 3

Recolha de dados

O primeiro passo no processo de Análise Exploratória de Dados é a recolha de dados. A recolha de dados utilizando Python é um processo simplificado e eficiente, utilizando as capacidades de várias bibliotecas e ferramentas.

3.1 Fontes de dados

1. Raspagem da Web:

Python fornece bibliotecas como BeautifulSoup e Scrapy para a recolha de dados da Web. Estas ferramentas permitem-lhe extrair dados de sítios Web através da navegação em estruturas HTML.

2. Integração de API:

A biblioteca de pedidos Python facilita a integração de APIs para recuperar dados estruturados de serviços Web. Muitas APIs, incluindo as de plataformas populares como o Twitter ou o Google, oferecem SDKs Python para uma integração perfeita.

3. Importação de dados de ficheiros:

O Python suporta a leitura de dados de vários formatos de ficheiro, incluindo CSV, Excel, JSON, entre outros. Bibliotecas como o Pandas simplificam o processo de importação, limpeza e transformação de dados de ficheiros.

4. Conectividade da base de dados:

Os conectores de bases de dados Python (por exemplo, SQLAlchemy) permitem a extração de dados de bases de dados relacionais, podendo executar consultas SQL e obter resultados diretamente em estruturas de dados Python.

5. Aquisição de dados de sensores:

Para IoT e dados de sensores, Python pode fazer interface com hardware usando bibliotecas como PySerial ou Adafruit CircuitPython. Os dados de sensores ou dispositivos podem ser recolhidos e processados em tempo real.

6. Geração de dados:

O Python pode ser utilizado para simular ou gerar conjuntos de dados sintéticos para efeitos de teste e análise. Bibliotecas como a NumPy facilitam a criação de conjuntos de dados.

7. Dados em fluxo contínuo:

Para a recolha de dados em tempo real, o Python suporta bibliotecas de streaming como o Kafka-Python ou solicita streaming para a ingestão contínua de dados.

Importar o conjunto de dados

Podemos encontrar várias fontes de conjuntos de dados que estão disponíveis gratuitamente para o público trabalhar. Alguns sítios Web populares através dos quais podemos aceder a conjuntos de dados são

- Kaggle : https://www.kaggle.com/datasets.
- UCI Máquina repositório de aprendizagem automática : https://archive.ics.uci.edu/ml/index.php.
- Conjuntos de dados nos recursos do AWS: https://registry.opendata.aws/.
- Motor de pesquisa de conjuntos de dados da Google https://datasetsearch.research.google.com/
- Conjuntos de dados governamentais: Existem diferentes fontes para obter dados relacionados com o governo. Vários países publicam dados governamentais para utilização

pública, recolhidos por diferentes departamentos.

3.2 Funções Python para trabalhar com conjuntos de dados

Se não existirem dados disponíveis para um determinado projeto, pode extrair ou recolher dados por si próprio e criar o seu próprio conjunto de dados para trabalhar.

Os dados em conjuntos de dados podem ser dos seguintes tipos:

1. Dados numéricos - quantitativos
a. Contínuo - Qualquer valor dentro de um intervalo ex. Temperatura
b. discretos - valores exactos e distintos ex. Número de alunos inscritos
2. Categóricos - Dados qualitativos
a. Nominal - Nomear ou rotular variáveis sem ordem ex. Nome do país
b. Ordinal - etiquetas que são ordenadas ou classificadas de alguma forma particular ex.

Notas de exame

Para efetuar operações num conjunto de dados, este é armazenado como um dataframe em Python. Um dataframe é uma estrutura de dados bidimensional rotulada com colunas de tipos potencialmente diferentes. A biblioteca Pandas é muito útil para trabalhar com dataframes.

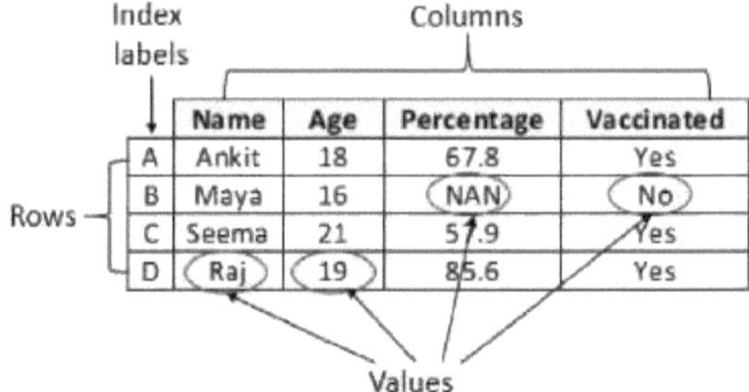

Existem várias formas de criar os seus próprios dataframes - Listas, dicionário, Séries, Numpy ndarrays, utilizando outro dataframe. Para efetuar operações no dataframe, são normalmente necessárias as seguintes funções pandas:

1. `read_csv()`

A função read_csv() ajuda a ler um ficheiro de valores separados por vírgulas (csv) num Pandas DataFrame. Outras funções são read_json(), read_html(), read_excel()*Exemplo*

```
import pandas as pd df = pd.read_csv('filename.csv')
```

2. **head(), tail()** head(n) é utilizado para devolver as primeiras n linhas de um conjunto de dados. Por defeito, df.head() devolve as primeiras 5 linhas do DataFrame. tail(n) devolve n linhas do fundo do dataframe.

Exemplo

```
df.head()
df.head(6)
df.tail() df.tail(10)
```

3. **descrever()**

A função describe() é utilizada para gerar estatísticas descritivas dos dados num Pandas DataFrame para obter uma visão geral rápida dos dados.

Exemplo

```
df.describe()
```

4. info()

Apresenta informações sobre os dados, tais como os nomes das colunas, o número de valores não nulos em cada coluna (caraterística), o tipo de cada coluna, a utilização de memória, etc.

Exemplo `df.info ()`

5. dftipos

dtypes mostra o tipo de dados de cada coluna.

Exemplo `df.dftypes`

6. forma, tamanho

shape devolve o número de linhas e colunas do quadro de dados. Size devolve o tamanho de um quadro de dados, que é o número de linhas multiplicado pelo número de colunas.

Exemplo

```
df.forma df.tamanho
```

7. valor_contagens()

Para identificar as diferentes categorias numa caraterística, bem como a contagem de valores por categoria.

```
df['column'].value_counts()
```

8. amostra()

O método Sample permite-lhe selecionar valores aleatoriamente de uma Series ou DataFrame. É útil quando queremos selecionar uma amostra aleatória de uma distribuição.

Exemplo

```
df.sample(10)
```

9. drop_duplicates()

drop_duplicates() devolve um Pandas DataFrame com linhas duplicadas removidas. inplace=True garante que as alterações são aplicadas ao conjunto de dados original.

Exemplo

```
df.drop_duplicates(inplace-True)
```

10. ordenar_valores()

Para ordenar colunas num Pandas DataFrame por valores em ordem ascendente ou descendente. Especificando o inplace=True, pode fazer uma alteração diretamente no DataFrame original.

Exemplo

```
df.sort_values(by=nome da coluna ou lista de colunas, inplace=True)
```

11. loc[:]

Para aceder a uma linha ou grupo de linhas (uma fatia do conjunto de dados). o índice começa a partir de 0 em Python.

Exemplo

```
df.loc[:] #Todas as linhas
df.loc[0] #Primeira linha
df.loc[1:4] #Linhas 1,2,3 e 4
df.loc[3:] #Todas as linhas a partir da linha 3
df.loc[1:3,['coluna','coluna']] #Linhas 1,2,3 com colunas específicas
```

12. cair()

Para eliminar uma determinada coluna do quadro de dados. inplace=True efectua alterações no quadro de dados.

Exemplo

```
df.drop()
```

13. consulta()

Para filtrar um quadro de dados com base numa condição ou aplicar uma máscara para obter determinados valores. Consultar as colunas aplicando uma expressão booleana.

Exemplo

```
df.query('year'>2019)
```

14. inserir()

Insere uma nova coluna num dataframe.

Exemplo

```
df.insert(pos,'columnname',values)
```

15. isnull(), notnull()

Detetar valores em falta. Devolve um objeto booleano da mesma dimensão que indica se os valores são NA. notnull() detecta valores não em falta.

Exemplo

```
df.isnull()
```

16. dropna(), fillna()

O Pandas tem um método interno chamado dropna. Quando aplicado a um DataFrame, o método dropna removerá quaisquer linhas que contenham um valor NaN. Em muitos casos, é necessário substituir os valores em falta num DataFrame do Pandas em vez de o eliminar completamente. O método fillna foi concebido para este efeito.

Exemplo

```
df.dropna()
df.fillna("Nenhum valor disponível")
```

3.3 Criar um conjunto de dados

Para aplicar as funções discutidas acima, vamos criar um conjunto de dados simples com os seguintes atributos

Departamento Localização Ano

	Departamento	Localização	Ano
0	Vendas	Dubai	2017
1	Marketing	Londres	2021
2	Comprar	Mumbai	2019
3	Jurídico	Boston	2015

O conjunto de dados acima pode ser criado de várias formas:

1:   Criar um quadro de dados vazio e adicionar registos

```
#Importar a biblioteca import pandas as pd #Criar uma estrutura de dados
vazia com nomes de colunas df = pd.DataFrame(columns =
['Department','Location','Year']) #Adicionar registos df.loc[0] = ['Sales',
'Dubai',    2017]
df.loc[1] = ['Marketing', 'Londres',    2021]
df.loc[2] = ['Purchase', 'Mumbai', 2019] df.loc[3] = ['Legal', 'Boston',
2015]
#Imprimir o quadro de dados df
```

2:   Criar dataframe utilizando uma matriz numpy

```
#Importar a biblioteca import numpy as np # Passar uma matriz numpy 2D -
cada linha é a linha correspondente no quadro de dados data =
np.array([['Sales','Dubai',2017],
['Marketing','Londres',2021], ['Compras','Mumbai', 2019],
['Jurídico','Boston',2015]])
# passar os nomes das colunas no parâmetro colunas do construtor df =
```

```
pd.DataFrame(data, columns = ['Department', 'Location',' Year' ])
```

3: Criar dataframe usando lista

Cada elemento da lista é um registo no quadro de dados. Os cabeçalhos das colunas são transmitidos separadamente.

```
#  Importar a biblioteca pandas import pandas as pd # Criar uma lista de
listas data =
[['Vendas','Dubai',2017],['Marketing','Londres',2021], ['Compras',
'Mumbai',   2019],['Legal', 'Boston',2015]]
#  Criar o DataFrame do pandas df = pd.DataFrame(data, columns =
['Department', 'Location',' Year' ]) # imprimir o dataframe df
```

4: Criar dataframe usando dicionário com listas

```
#Importar a biblioteca import pandas as pd #Criar o dicionário data =
{'Department': ['Sales' , 'Marketing' , 'Purchase' , 'Legal' ],
'Location':['Dubai' , 'London' , 'Mumbai', 'Boston'], 'Year':
[2017,2021,2019,2015] ]
#Criar o quadro de dados
df = pd.DataFrame.from dict(data)
```

5: Criar dataframe usando lista de dicionário

```
importar pandas como pd
#Cada dicionário é um registo no quadro de dados.
#As chaves do dicionário tornam-se nomes de colunas no quadro de dados. Os
valores do dicionário tornam-se os valores das colunas
data =[{'Department':'Sales' , 'Location':'Dubai', 'Year':2017},
{'Departamento':'Marketing','Local':'Londres','Ano':2021},
{'Departamento':'Compras','Local':'Mumbai','Ano':2019},
{'Department':'Legal','Location':'Boston','Year':2015}]
df = pd.DataFrame(data)
```

6: Criar dataframe utilizando a função zip()

```
importar pandas como pd
#Lista de departamentos
Departamento = ['Vendas' , 'Marketing', 'Compras', 'Jurídico']
#Lista de localização
Localização = ['Dubai','Londres','Mumbai','Boston']
#Lista de anos
Ano = [2017,2021,2019,2015]
#  e funde-os utilizando zip().
data = list(zip(Department, Location,Year))
#  Criar pandas Dataframe usando dados
df = pd.DataFrame(data,columns = ['Department','Location','Ye ar'])
```

7: Compreender os dados

Aplicar as funções info(), describe(), shape, size, loc, sort_values, value_counts() no objeto dataframe.

```
i. df
```
Para visualizar o quadro de dados
Saída:

	Departamento	Localização	Ano
0	Vendas	Dubai	2017
1	Marketing	Londres	2021
2	Comprar	Mumbai	2013
3	Jurídico	Boston	2015

```
ii. df.shape
```

Para encontrar o número de linhas e colunas no conjunto de dados
Saída:
```
(4, 3)
```
iii. df.tamanho
Para encontrar o número de linhas X colunas no conjunto de dados
Saída:
```
12
```
iv. df.describe() a. Valores médios b. Desvio padrão c. Valores mínimos d. Valores máximos
Saída:

	Ano
contagem	4.000000
média	2018.000000
padrão	2.581989
min	2015.000000
25%	2016.500000
50%	2018.000000
75%	2019.500000
máximo	2021.000000

v. df.info()
Saída:
```
<class 'pandas.core.frame.DataFrame'>
Int64Index: 4 entradas, 0 a 3
          Dado colunas (total de 3 colunas):
     s  Coluna        Contagem não    Tipo D
                      nula
        Departament
0    o                4 não nulo      objeto
1    Localização      4 não nulo      objeto
2    Ano              4 não nulo      int64
dtypes: int64(1), object(2) utilização de memória: 128.0+ bytes
```

vi. df.dtypes
Saída:
```
    Departamento objecto
    Objeto de localização
    Ano int64
dtype: objeto
```
vii. df.colunas
Saída:
```
Índice(['Departamento', 'Localização', 'Year'], dtype='object')
```

8:   Adicionar linhas e colunas com dados inválidos, duplicados ou em falta

#Adiciona linhas ao conjunto de dados com valores vazios ou inválidos.
```
df.loc[4] = ['HR', 'Delhi', None]
df.loc[5]= [Nenhum, Nenhum, Nenhum] df.loc[6]=['Investigação', Nenhum ,
2018] df.loc[7]=[ 'Vendas', 'Mumbai', 2023]
```
Saída:

	Departamento	Localização	Ano

0	Vendas	Dubai	2017
1	Marketing	Londres	2021
2	Comprar	Mumbai	2019
3	Jurídico	Boston	2015
4	RH	Delhi	Nenhum
5	Nenhum	Nenhum	Nenhum
6	Investigação	Nenhum	2018
7	Vendas	Mumbai	2023

9:   Verificar a existência de valores NULL e duplicados

```
#Ver valores nulos df.isnull() # df.notnull() mostra todos os valores que
não são nulos
```

Saída:

	Departament	Localizaçã	Ano
0	Falso	Falso	Falso
1	Falso	Falso	Falso
2	Falso	Falso	Falso
3	Falso	Falso	Falso
4	Falso	Falso	Verdadeiro
5	Verdadeiro	Verdadeiro	Verdadeiro
e	Falso	Verdadeiro	Falso
7	Falso	Falso	Falso

Para verificar se há linhas duplicadas, adicione a seguinte linha ao conjunto de dados:

```
df.loc[8]=[ 'Sales','Mumbai',2023]
df.duplicated() #Mostra as linhas com entradas duplicadas
```

Saída:

```
0    Falso
1    Falso
2    Falso
B    Falso
4    Falso
5    Falso
6    Falso
                              Falso
    8Verdadeiro
dtype: bool
```

10: Substituir valores NULL pela função fillna()

O método fillna() é utilizado para substituir todos os valores Empty por um valor especificado.

```
#DataFrame.fillna() para substituir valores Nulos no dataframe
df.fillna("No Value Available", inplace = True)
```

Saída:

	Departamento	Localização	Ano
0	Vendas	Dubai	2017
1	Marketing	Londres	2021
2	Comprar	Mumbai	2019
3	Jurídico	Boston	2015
4	RH	**Delhi**	Nenhum valor disponível
5	Nenhum valor disponível	Nenhum valor disponível	Nenhum valor disponível

6	Investigação	Nenhum valor disponível		2018
1		Vendas	Mumbai	2023
S	Vendas	Mumbai		2023

11: Eliminar uma coluna do quadro de dados

Para eliminar a coluna com o nome "newcolumn"

```
df.drop(columns='newcolumn', axis=1, inplace=True)
```

3.4 Utilizar um conjunto de dados padrão

O conjunto de dados das flores **da íris** (também conhecido como conjunto de dados da íris de Fisher) é o "hello world" da ciência dos dados e da aprendizagem automática. Trata-se de um conjunto de dados multivariados que contém um conjunto de 150 registos com 5 atributos - comprimento da pétala, largura da pétala, comprimento da sépala, largura da sépala e classe (espécie). O conjunto de dados descarregável (formato .csv) pode ser encontrado em: https://archive.ics.uci.edu/ml/datasets/iris ,

https://www.kaggle.com/uciml/iris

1. Carregar o conjunto de dados da íris

Se estiver a utilizar uma máquina local para executar código python, descarregue o conjunto de dados iris e escreva o seguinte código. O nome do caminho é a localização do conjunto de dados na unidade local. `import pandas as pd`

```
df=pd.read csv('\iris.csv') #Dê o caminho de acordo com a localização na
tua máquina
```

Se estiver a utilizar o google colab, execute o seguinte código para carregar o conjunto de dados.

```
from google.colab import files
iris_uploaded = files.upload()
```

Isto irá pedir-lhe para selecionar o ficheiro csv a carregar. Para carregar o ficheiro, execute o seguinte código: `import io`

```
df = pd.read_csv(io.BytesIO(iris_uploaded['Iris.csv']))
```

2. Ver o conjunto de dados da íris `i. df`

Saída:

	sepal.comprimento	largura da sépala	pétala.comprimento	pétala.largura	espécies
0	5.1	3 5	1.4	0.2	Setosa
1	4.9	3.0	1.4	0.2	Setosa
2	4.7	3.2	13	0.2	Setosa
3	4.6	3.1	1.5	0.2	Setosa
4	5.0	3.6	1.4	0.2	Setosa
145	6.7	3 0	5.2	2.3	Virgínia
146	6.3	2.5	5.0	1.9	Virgínia
147	6.5	3 0	5.2	2.0	Virginica
148	6.2	3 4	5.4	2.3	Virginica
148	5.9	3 0	5.1	1.8	Virgínia

150 linhas x 5 colunas

## CAPÍTULO 4

Visualização

4.1 Introdução

A visualização é a representação gráfica de dados que pode tornar as informações mais fáceis de analisar e compreender. A visualização de dados tem o poder de ilustrar relações e padrões de dados complexos com a ajuda de desenhos simples compostos por linhas, formas e cores.

O Python tem bibliotecas incorporadas ricas para praticamente todas as visualizações de dados que são necessárias

Bibliotecas Python para visualização	
matplotlib	A matplotlib é a biblioteca Python padrão mais comum utilizada para traçar visualizações de dados 2D. É utilizada principalmente para criar gráficos que podem ser ampliados numa secção do gráfico e deslocados à volta do gráfico utilizando a barra de ferramentas na janela do gráfico. É a primeira biblioteca de visualização de dados a ser desenvolvida em Python, e mais tarde muitas outras bibliotecas foram construídas sobre ela. Esta biblioteca é utilizada para criar uma variedade de gráficos de visualização, tais como gráficos de linhas, gráficos de pizza, gráficos de dispersão, gráficos de barras, histogramas, gráficos de caule e espectrogramas. Permite a utilização fácil de etiquetas, títulos de eixos, grelhas, legendas e outros requisitos gráficos com valores e texto personalizáveis.
nascido no mar	A biblioteca seaborn junta o poder da biblioteca matplotlib para criar gráficos artísticos com muito poucas linhas de código. Esta biblioteca segue estilos criativos e paletas de cores ricas, o que permite que a criação de gráficos de visualização seja mais atractiva e moderna. Como o seaborn é considerado uma biblioteca de nível superior, existem certas ferramentas de visualização especiais, como gráficos de violino, mapas de calor e gráficos de séries temporais que podem ser criados com esta biblioteca.
ggplot	A biblioteca ggplot baseia-se na biblioteca ggplot2, que é um sistema de plotagem do R e os conceitos baseiam-se na *gramática dos gráficos*. A biblioteca ggplot cria uma camada de componentes para a criação de gráficos, o que a torna
	é diferente da matplotlib com base nas operações de traçado de gráficos. Está integrada com o pandas e é utilizada principalmente para criar gráficos muito simples.
Bokeh	A biblioteca Bokeh é nativa do Python e é utilizada principalmente para criar gráficos interactivos e prontos para a Web, que podem ser facilmente apresentados como documentos HTML, objectos JSON ou aplicações Web interactivas. Tal como o ggplot, os seus conceitos também se baseiam na *gramática dos gráficos*. Tem a vantagem adicional de gerir dados em tempo real e streaming. Esta biblioteca pode ser usada para criar gráficos comuns, como histogramas, gráficos de barras e gráficos de caixa. Existem três interfaces diferentes suportadas pela Bokeh para serem utilizadas por diferentes tipos de utilizadores.
trama	A biblioteca plotly é uma plataforma online para visualização de dados e pode ser utilizada para fazer gráficos interactivos que não são possíveis utilizando outras bibliotecas Python. Alguns desses gráficos incluem dendrogramas, gráficos de contorno e gráficos 3D. Para além destes gráficos, alguns gráficos de visualização básicos, como gráficos de área, gráficos de barras, gráficos de caixa, histogramas, gráficos polares e gráficos de bolhas também podem ser criados utilizando a biblioteca plotly. Um facto interessante sobre o plotly é que os gráficos não são guardados como imagens, mas sim serializados como JSON, pelo que os gráficos podem ser abertos e visualizados com outras aplicações, como o R e o MATLAB.
pígaro	A biblioteca pygal cria gráficos interactivos que podem ser incorporados no navegador Web. Também tem a capacidade de produzir gráficos como **SVGs (Scalable Vetor Graphics).** Todos os tipos de gráficos criados com a pygal são agrupados num método que facilita a criação de um gráfico artístico em poucas linhas de código. Por exemplo, para criar um gráfico de barras, basta importar a biblioteca pygal e depois criar uma variável para atribuir o valor de pygal.Bar(). O gráfico criado pode finalmente ser guardado na extensão .svg para obter uma formatação CSS estilizada.
geoplotlib	A geoplotlib é uma caixa de ferramentas para desenhar mapas e traçar dados geográficos. Alguns dos tipos de mapas que podem ser criados são os mapas de calor, os mapas de densidade de pontos e os mapas coropléticos. Para utilizar a geoplotlib, é necessário instalar também o Pyglet, uma interface de programação orientada para objectos. Esta biblioteca é utilizada principalmente para desenhar mapas, uma vez que nenhuma outra biblioteca Python se destina a criar gráficos para

| | mapas. |

A biblioteca mais comum para visualização é a biblioteca matplotlib.

4.2 Utilizar o Matplotlib

Existem várias maneiras de instalar a biblioteca matplotlib. A maneira mais fácil de instalar a matplotlib é fazer o download do pacote Anaconda. O Matplotlib é instalado por defeito com o pacote Anaconda e não requer quaisquer passos adicionais.

Para instalar o matplotlib, aceda à linha de comandos do anaconda e execute o seguinte comando

```
pip install matplotlib
```

Verifique se o matplotlib está corretamente instalado utilizando o seguinte comando no bloco de notas Jupyter `import matplotlib matplotlib.__version__`

Antes de usar o matplotlib, precisamos de importar o pacote. Isto pode ser feito utilizando o método "import" no bloco de notas Jupyter. PyPlot é o módulo gráfico em matplotlib que é maioritariamente utilizado para a visualização de dados. `Importar matplotlib as mpl #importar o módulo pyplot de matplotlib as plt (nome curto utilizado para referir o objeto) import matplotlib.pyplot as plt`

4.2.1 Criar um gráfico simples

Vamos criar um gráfico básico utilizando alguns números aleatórios gerados com NumPy. A forma mais simples de criar um gráfico é utilizando o método 'plot()'. Para gerar um gráfico básico, precisamos de dois eixos (X) e (Y), e vamos gerar dois números aleatórios utilizando o método 'linspace()' do Numpy.

```
#   importar o pacote NumPy import numpy as np
#   gerar um número aleatório utilizando NumPy, gerar dois conjuntos de
números aleatórios e armazenar em x, y
x = np.linspace(0,50,100)
y = x * np.linspace(100,150,100)
#   Criar um gráfico básico
plt.plot(x,y)
```

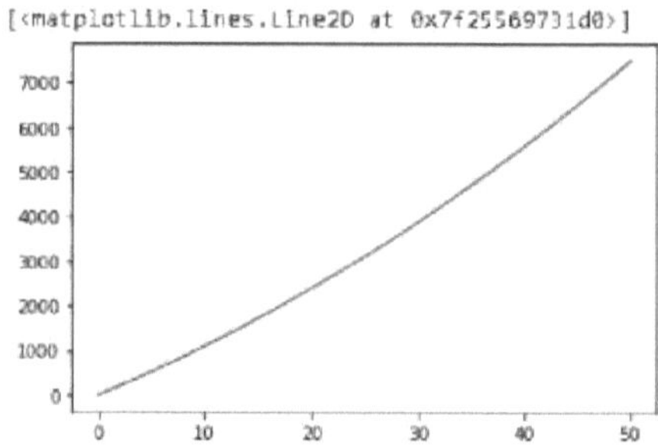

Adicionar elementos ao enredo

O gráfico gerado acima não tem todos os elementos necessários para o compreender melhor. Vamos tentar adicionar diferentes elementos ao gráfico para uma melhor interpretação. Os elementos que podem ser adicionados ao gráfico incluem o título, a etiqueta x, a etiqueta y, os limites x e os limites y.

```
#   Adicionar título utilizando 'plt.title'
#   Adicionar etiqueta x utilizando 'plt.xlabel'
#   Adicionar etiqueta y utilizando 'plt.ylabel'
```

```
#    definir os limites do eixo x utilizando 'plt.xlim'
#    definir os limites do eixo y utilizando 'plt.ylim'
#    Adicionar legenda utilizando 'plt.legend'
```

Vamos adicionar mais alguns elementos ao gráfico, como cores, marcadores e personalização de linhas.

```
#    adicionar cor, estilo e largura ao elemento de linha
plt.plot(x, y, c = 'r', linestyle = '--', linewidth=2)
[<matpLotLib.Lines .Line2D at 0x7fdd01f12210>]
```

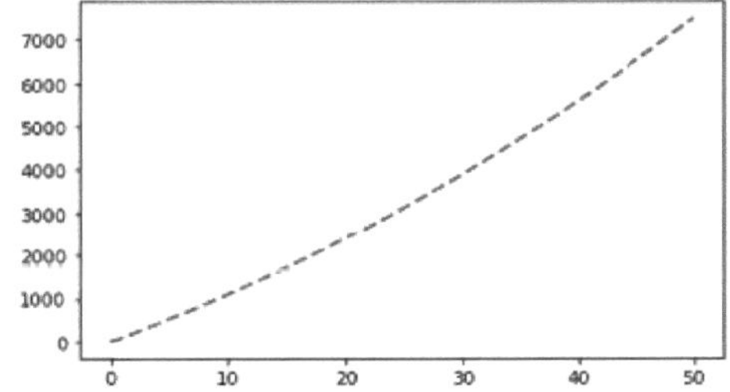

adicionar marcadores ao gráfico, o marcador tem diferentes elementos, ou seja, estilo, cor, tamanho, etc,

```
plt.plot (x, y, marker='*', c='g', markersize=3)
            [<matplotlib.lines.Line2D at 0x7fdd01dacd10> ]
```

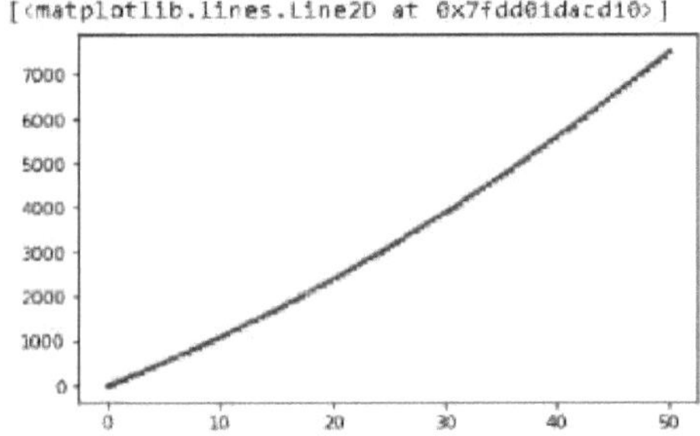

adicionar grelha utilizando o método grid()

```
plt.plot(x,y,marker='*', markersize=3, c='b', label='normal')
plt.grid(True)
# adicionar legenda e rótulo
plt.legend()
            <matplotlib.legend.Legend at 0x7fdd01c345d0>
```

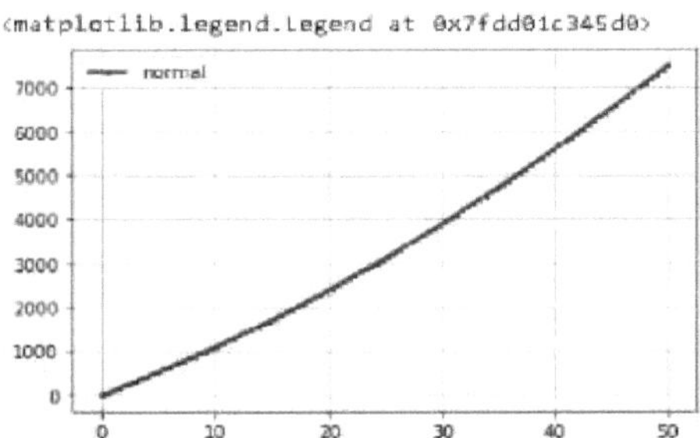

4.2.2 Fazer várias parcelas numa figura

Pode haver situações em que o utilizador tenha de mostrar vários gráficos numa única figura para efeitos de comparação. Vamos traçar duas linhas sin(x) e cos(x) numa única figura e adicionar uma legenda para compreender qual é a linha.

```
#  vamos traçar duas rectas Sin(x) e Cos(x)
#  loc é utilizado para definir a localização da legenda no gráfico # label
é utilizado para representar a etiqueta da linha na legenda
#  gerar o número aleatório
x= np.arange(0,1500,100)
plt.plot(np.sin(x),label='função sin x')
plt.plot(np.cos(x),label='cos functon x')
plt.legend(loc='upperright')
```
<matplotLLb.Legend. Legend em Ox7fdd0lbb2f90>

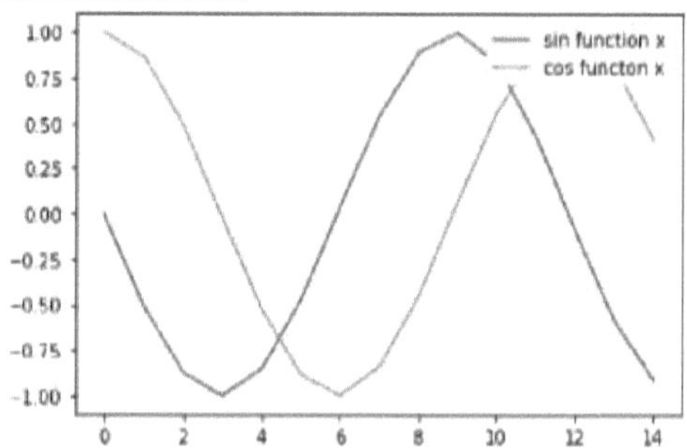

\#   Para mostrar os vários gráficos numa figura separada em vez de numa única figura, utilize a instrução plt.show() antes da instrução de gráfico seguinte, como mostrado abaixo.

```
x= np.linspace(0,100,50)
plt.plot(x,'r',label='simple x')
plt.show()
plt.plot(x*x,'g',label='duas vezes x')
plt.show()
     plt.legend(loc='upper right')
```

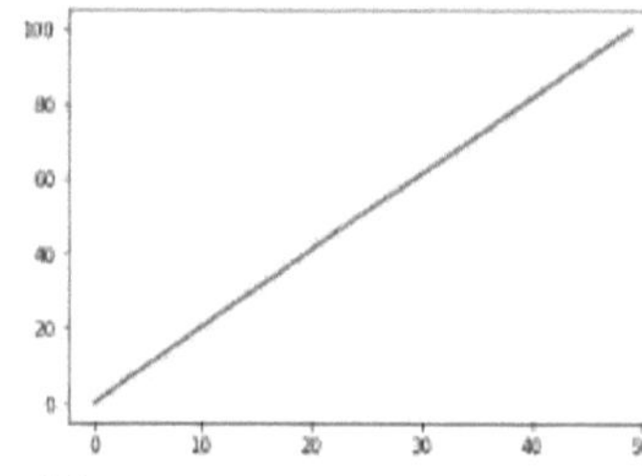
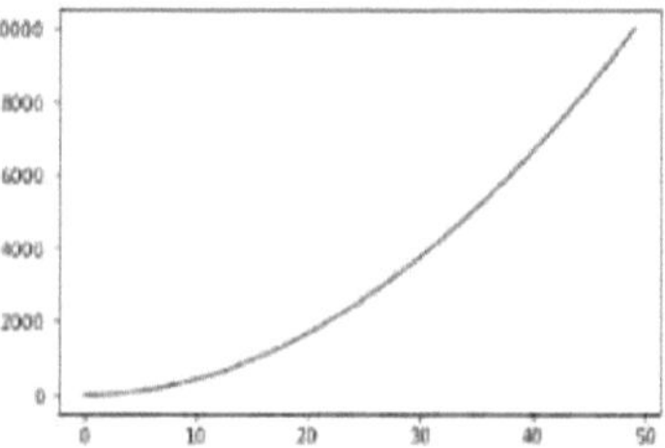

Criar subtramas

Pode haver situações em que seja necessário apresentar vários gráficos numa única figura para mostrar a história completa durante a apresentação às partes interessadas. Isto pode ser conseguido com a utilização de subplot na biblioteca matplotlib. Por exemplo, uma loja de retalho tem 6 lojas e o gerente gostaria de ver as vendas diárias de todas as 6 lojas numa única janela para comparar. Isto pode ser visualizado utilizando subplotagens, representando os gráficos em linhas e colunas.

```
#  as subparcelas são utilizadas para criar várias parcelas numa única
figura
```

```python
#  vamos criar primeiro uma única subparcela e depois adicionar mais
subparcelas
x = np.random.rand(50)
y = np.sin(x*2)
#precisa de criar uma figura vazia com um eixo como abaixo, figura e eixo
são dois objectos separados no matplotlib
fig, ax = plt.subplots()
#adicionar os gráficos ao gráfico
ax.plot(y)
```

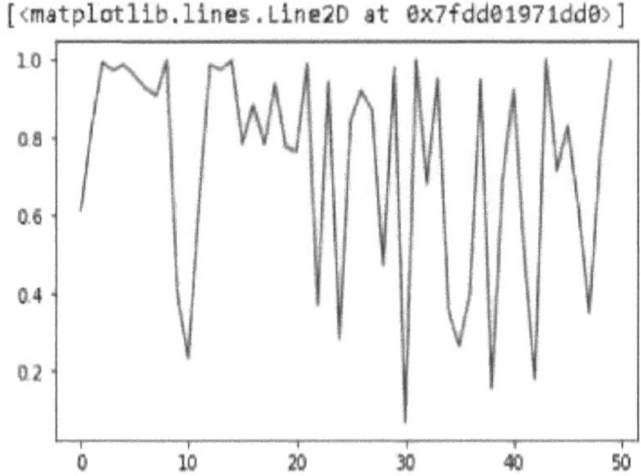


```python
#   Vamos adicionar vários gráficos utilizando a função subplots()
#   Se der o número necessário de parcelas como argumento em subplots(), a
função abaixo cria 2 subplots
fig, axs = plt.subplots(2)
#criar dados
x=np.linspace(0,100,10)
#   atribuir os dados ao gráfico utilizando os eixos
#   axs[0].plot(x, np.sin(x**2))
axs[1].plot(x, np.cos(x**2))
#   adicionar um título à figura da subparcela
fig.suptitle('Subplots empilhados verticalmente')
```

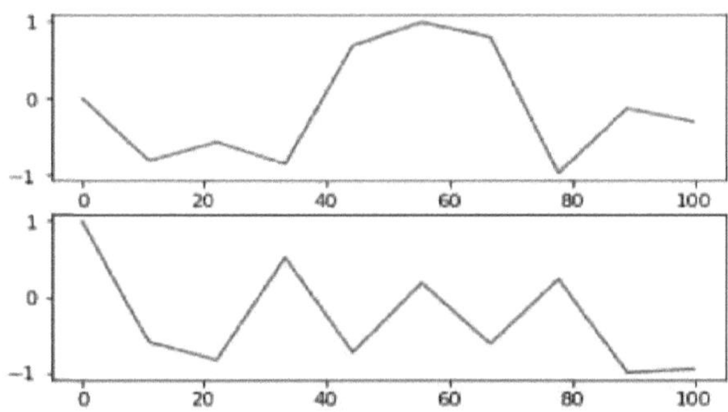


```python
#   Criar subparcelas horizontais
```

```python
#   Dê dois argumentos linhas e colunas na função subplot()
#   subplot() fornece uma matriz bidimensional com uma matriz 2*2
#   é necessário fornecer também uma matriz 2*2 semelhante à seguinte
fig, ((ax1, ax2), (ax3, ax4)) = plt.subplots(2, 2)
#   adicionar os dados aos gráficos
ax1.plot(x, x**2)
ax2.plot(x, x**3)
ax3.plot(x, np.sin(x**2))
ax4.plot(x, np.cos(x**2))
#   adicionar título
fig.subtitle('Gráficos horizontais')
```

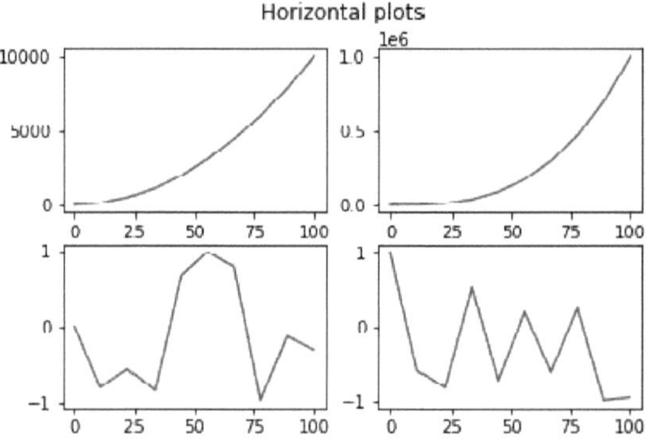


```python
#   outra forma simples de criar várias subparcelas é a seguinte, utilizando eixos
fig, axs = plt.subplots(2, 2)
#   adicionar os dados referentes à linha e à coluna
axs[0,0].plot(x, x**2,'g')
axs[0,1].plot(x, x**3,'r')
axs[1,0].plot(x, np.sin(x**2),'b')
axs[1,1].plot(x, np.cos(x**2),'k')
#   adicionar título
fig.suptitle('matrixsubplots')
```

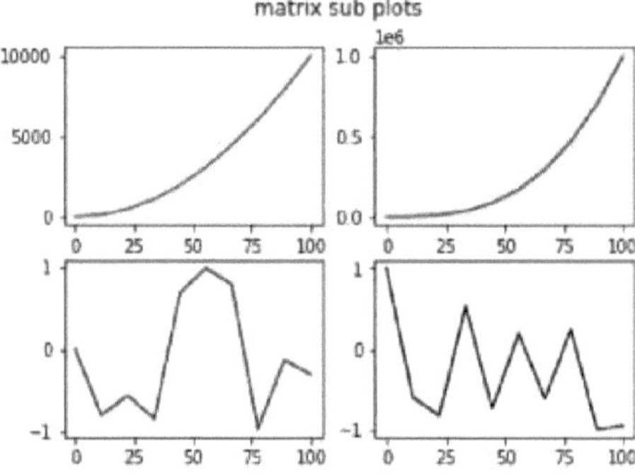


```python
#   vamos criar um objeto figura
#   alterar o tamanho da figura é 'figsize = (a,b)' a é a largura e 'b' é a
```

```
altura em polegadas
#   criar um objeto figura e nomeá-lo como fig
fig = plt.figure(figsize=(4,3))
#   criar uma amostra de dados
X = np.array([1,2,3,4,5,6,8,9,10])
Y = X**2
# desenhar a figura
plt.plot(X,Y)
```

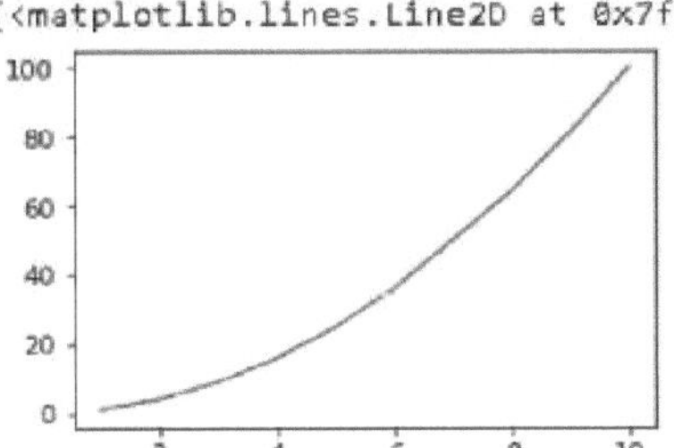

4.2.3 Diferentes tipos de parcelas

O Matplotlib tem uma grande variedade de formatos de gráficos, alguns deles incluem gráfico de barras, gráfico de linhas, gráfico de tartes, gráfico de dispersão, gráfico de bolhas, gráfico em cascata, gráfico de área circular, gráfico de barras empilhadas, etc,

Gráfico de barras

O gráfico de barras representa os dados utilizando barras nas direcções horizontal ou vertical. Os gráficos de barras são utilizados para mostrar dois ou mais valores e, normalmente, o eixo x deve ser constituído por dados categóricos. O comprimento da barra é proporcional às contagens da variável categórica no eixo x.

Função:

A função utilizada para mostrar o gráfico de barras é 'plt.bar()'. A função bar() espera duas listas de valores, uma na coordenada x e outra na coordenada y

A função plt.bar() tem os seguintes argumentos específicos que podem ser utilizados para configurar o gráfico.

* Largura, Cor, cor do bordo, largura da linha, etiqueta_tick, alinhamento, fundo,
* Barras de Erro - xerr, yerr

```
# vamos criar um gráfico de barras simples
#O eixo x mostra o tema e o eixo y mostra os marcadores em cada tema
disciplina = ['Matemática','Inglês','Ciências','História','Informática']
marcas =[70,80,50,30,78]
plt.bar(assunto,notas)
plt.show()
```

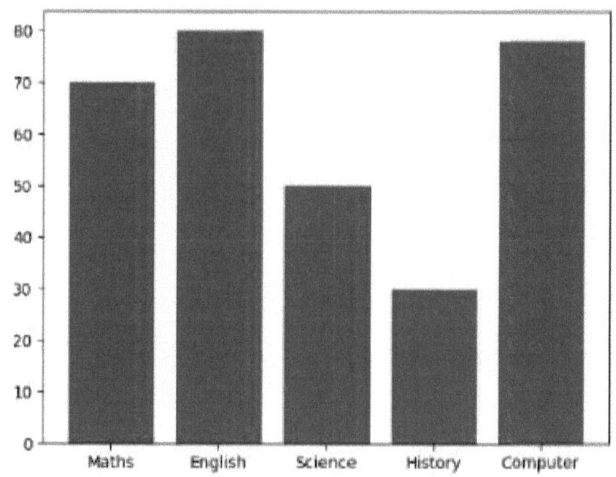

```
#vamos fazer algumas personalizações
#width - mostra a largura da barra e o valor predefinido é 0,8
#color - mostra a cor da barra
#bottom - valor a partir do qual o eixo y começa no gráfico
ou seja, o valor mais baixo do eixo y apresentado
#align - move a posição do rótulo x, tem duas opções 'edge' ou 'center'
#edgecolor - utilizado para colorir os limites da barra
#linewidth - utilizado para ajustar a largura da linha à volta da barra
#etiqueta_tick - para definir as etiquetas personalizadas para o eixo x
plt.bar(subject,marks,color='g',width=0.5,bottom=10,align='ce
nter',edgecolor='r',linewidth=2,tick_label=subject)
```

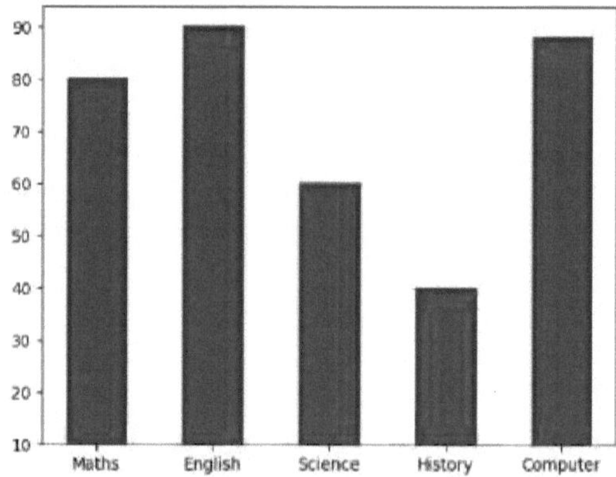

```
# Podem ser adicionadas barras de erro para representar os valores de erro
referentes a um valor de matriz
# Neste exemplo, utilizámos o desvio padrão para mostrar as barras de erro
plt.bar(subject,marks,color ='g',yerr=np.std(marks))
```

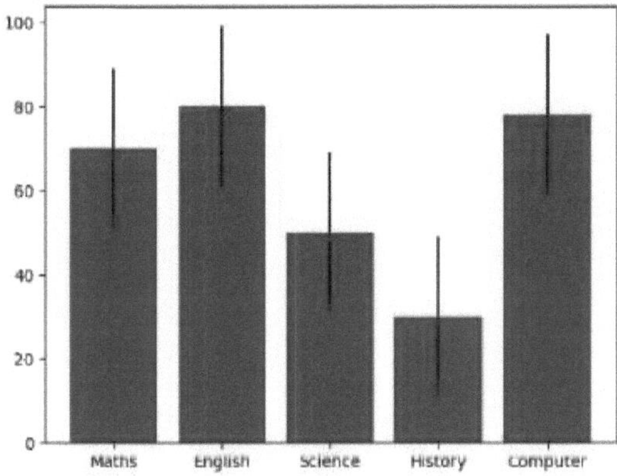

```
# Para traçar um gráfico de barras horizontais, utilize plt.barh() function
plt.barh(subject,marks,color='g',xerr=np.std(marks))
```

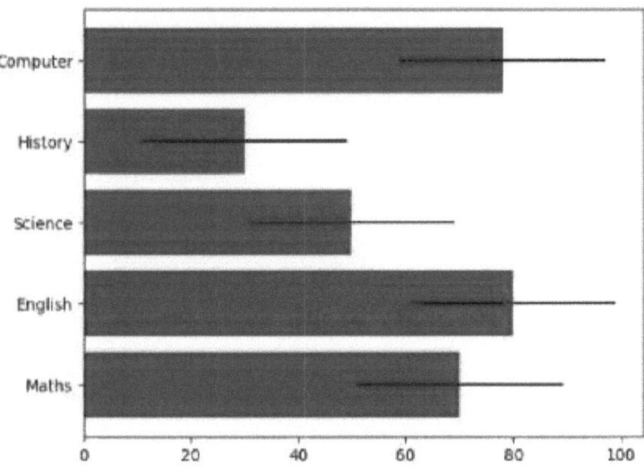

Gráfico de pizza

Os gráficos de pizza apresentam a proporção de cada valor em relação à soma total dos valores. Este gráfico requer uma única série para ser exibido. Os valores no gráfico de pizza mostram a contribuição percentual em termos de uma pizza denominada *Cunha/esquema*. O ângulo da cunha/aresta é calculado com base na proporção de valores.

Função:

A função utilizada para o gráfico de tartes é 'plt.pie()'

Para desenhar um gráfico de tartes, precisamos apenas de uma lista de valores, sendo que cada cunha é calculada como proporção convertida em ângulo.

A função plt.pie() tem os seguintes argumentos específicos que podem ser utilizados para configurar o gráfico.

- etiquetas - utilizadas para mostrar as categorias dos widgets
- explode - utilizado para extrair a fatia de widget/joia
- autopct - utilizado para mostrar a % de contribuições para os widgets
- Set_aspect - utilizado para

- sombra - para mostrar a sombra de uma fatia
- cores - para definir as cores personalizadas para as cunhas
- startangle - para definir os ângulos das cunhas

```
# Let's create a simple pie plot
Marks = [10, 20, 8, 35, 30, 25]
Students = ['Ann', 'Ramesh', 'Bob', 'Raj', 'Anita',
'Mahesh']
plt.pie(Marks, labels = Students)
```

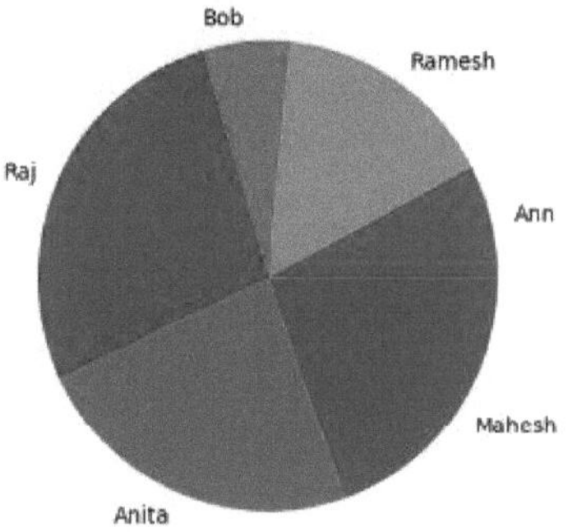

```
#Let's add additional parameters to pie plot
#explode - to move one of the wedges of the plot
#autopct - to add the contribution %
explode = [0.2,0.1,0,0.1,0,0]
plt.pie(Marks,labels=Students, explode=explode,
autopct='%1.1f%%' )
```

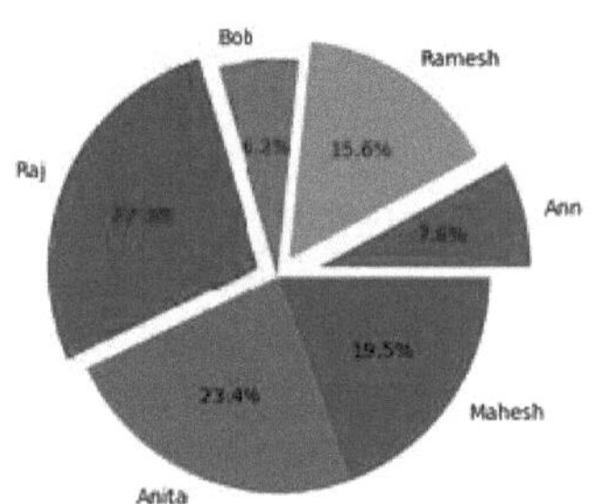

Gráfico de dispersão

O gráfico de dispersão é utilizado para visualizar a relação entre duas colunas/séries de dados. O gráfico necessita de duas variáveis, uma variável mostra a posição X e a segunda variável mostra a posição Y. O gráfico de dispersão ajuda a compreender as seguintes informações entre as duas colunas

- Existe alguma relação entre as duas colunas
- + ve Relação
- Ou -Ve relação

Função:

A função utilizada para o gráfico de dispersão é 'plt.scatter()'. Tem os seguintes argumentos específicos que podem ser utilizados para configurar o gráfico.

* tamanho - para gerir o tamanho dos pontos
* cor - para definir a cor dos pontos
* marcador - tipo de marcador
* alfa - transparência do ponto
* norm - para normalizar os dados (escala entre 0 e 1)

```
# gerar os dados com números aleatórios
x = np.random.randn(1000)
y = np.random.randn(1000)
plt.scatter(x,y)
```

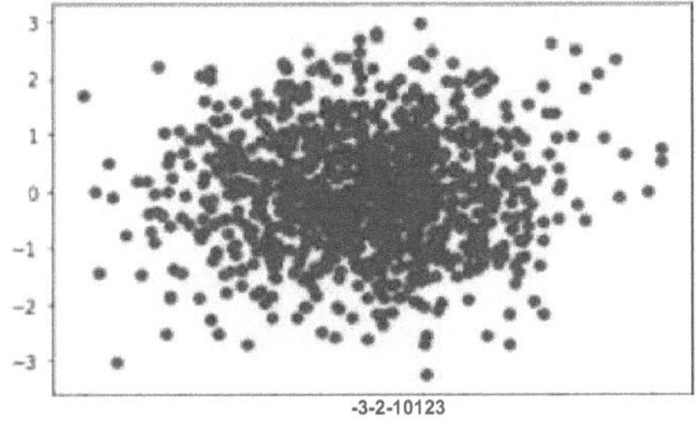

```
# Como se pode observar, não existe correlação entre x e y
# vamos tentar adicionar parâmetros adicionais
# tamanho - para gerir o tamanho dos pontos
#color - para definir a cor dos pontos
#marker - tipo de marcador
#alpha - transparência do ponto tamanho = 150*np.random.randn(1000) cores =
100*np.random.randn(1000)
plt.scatter(x, y, s=size, c = colors, marker ='*', alpha=0.7)
```

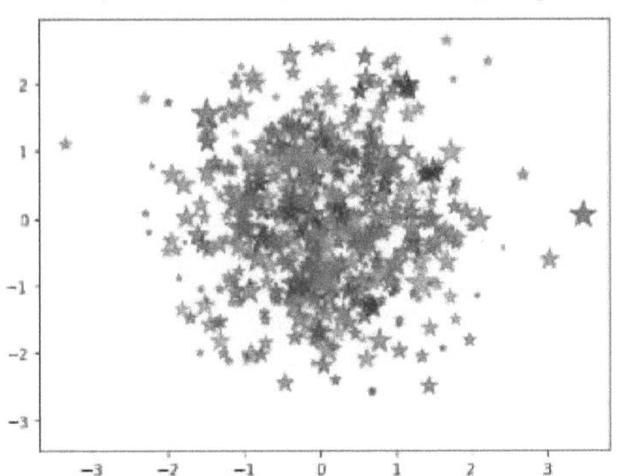

Histog ram

O histograma é utilizado para compreender a distribuição dos dados. Trata-se de uma estimativa da distribuição de probabilidades de dados contínuos. É semelhante ao gráfico de barras acima referido, mas este é utilizado para representar a distribuição de uma variável contínua, enquanto o gráfico de barras é utilizado para uma variável discreta. Cada distribuição é caracterizada por quatro elementos diferentes, nomeadamente

- Centro da distribuição
- Distribuição da distribuição
- Forma da distribuição
- Pico da distribuição

O histograma requer dois elementos: o eixo x é apresentado através de posições e o eixo y é apresentado com a frequência dos valores em cada uma das posições que formam o conjunto de dados. Cada caixa tem um intervalo com valores mínimos e máximos.

Função:

- A função utilizada para o gráfico de dispersão é 'plt.hist()'

A função plt.hist() tem os seguintes argumentos específicos que podem ser utilizados para configurar o gráfico: bins - número de bins, color, edgecolor, alpha - ransparência da cor, normed , xlim - para definir os limites x, ylim - para definir os limites y, xticks, yticks, facecolor, edgecolor, density

```python
# vamos gerar números aleatórios e utilizar os números aleatórios para
gerar o histograma
dados = np.random.randn(1000)
plt.hist(dados)
```

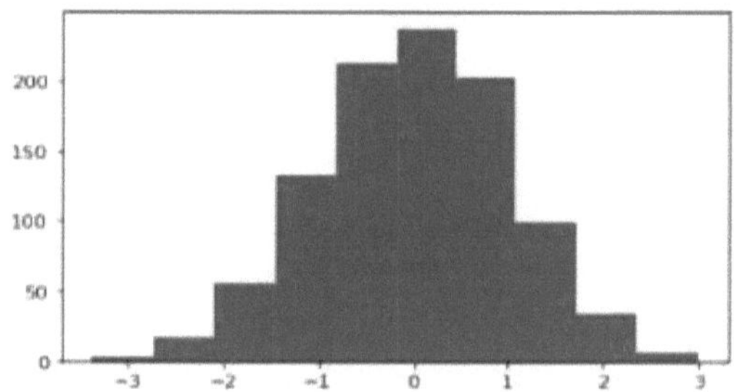

```python
# vamos acrescentar parâmetros adicionais
dados = np.random.randn(1000)
plt.hist(dados, facecolor ='y',linewidth=2,edgecolor='k', bins=30,
alpha=0.6)
```

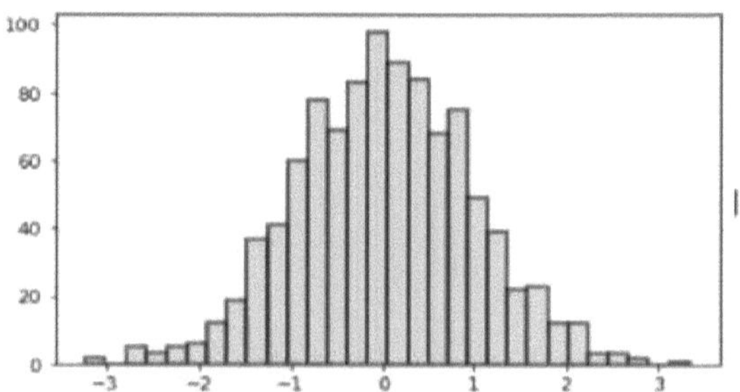

```python
# permite criar vários histogramas num único gráfico
hist1 = np.random.normal(25,10,1000)
hist2 = np.random.normal(200,5,1000)
#representar o histograma
plt.hist(hist1,facecolor='yellow',alpha = 0.5, edgecolor ='b',bins=50)
plt.hist(hist2,facecolor = 'orange',alpha = 0.8, edgecolor ='b',bins=30)
```

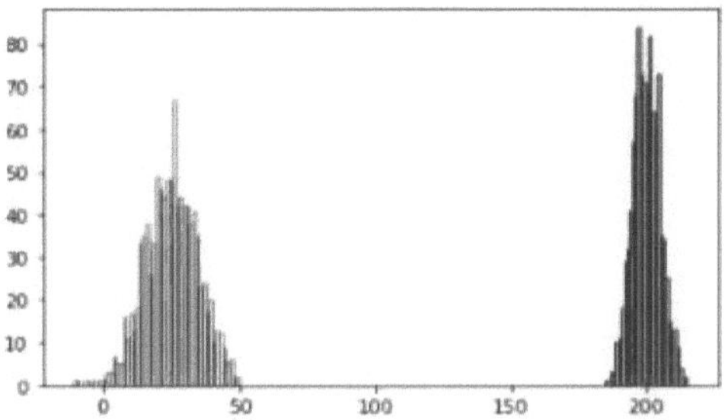

Gráfico de caixa

Apresenta a distribuição dos dados com base na teoria dos cinco números, dividindo o conjunto de dados em três quartis e, em seguida, apresenta os valores - mínimo, máximo, mediana, primeiro quartil (inferior) e terceiro quartil (superior) - no próprio gráfico. Ajuda a identificar valores anómalos e o grau de dispersão dos dados em relação ao centro.

Em Python, um boxplot pode ser criado utilizando a função boxplot() da biblioteca matplotlib.

Considere os seguintes elementos de dados:1, 1, 2, 2, 4, 6, 6.8, 7.2, 8, 8.3, 9, 10, 10, 11.5

Aqui, o mínimo é 1, o máximo é 11,5, o quartil inferior é 2, a mediana é 7 e o quartil superior é 9. Se traçarmos o gráfico de caixa, o código seria:

```
import matplotlib.pyplot as plt
dados=[1, 1, 2, 2, 4, 6, 6.8, 7.2, 8, 8.3, 9, 10, 10, 11.5]
plt.boxplot(dados, vert=False) plt.show()
```

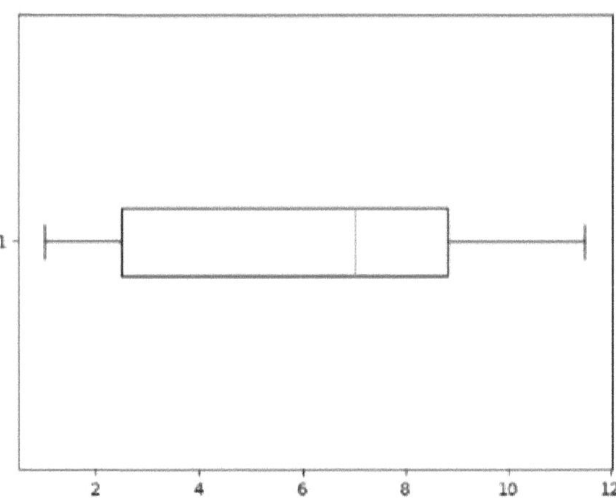

4.2.4 Guardar o gráfico

Guardar o gráfico como uma imagem utilizando a função 'savefig()' do matplotlib. O gráfico pode ser guardado em vários formatos como .png, .jpeg, .pdf e muitos outros formatos de suporte.

```
# vamos criar uma figura e guardá-la como imagem
itens = [5,10,20,25,30,40]
x = np.arange(6)
fig = plt.figure()
ax = plt.subplot(111)
```

```python
ax.plot(x, y, label='items')
plt.title('Guardar como imagem')
ax.legend()
fig.savefig('saveimage.png')
```

A imagem é guardada com um nome de ficheiro como 'saveimage.png'.

```python
#Para exibir a imagem novamente, use o seguinte pacote e comandos
importar matplotlib.image as mpimg
imagem = mpimg.imread("saveimage.png")

        plt.imshow(image)

        plt.show()
```

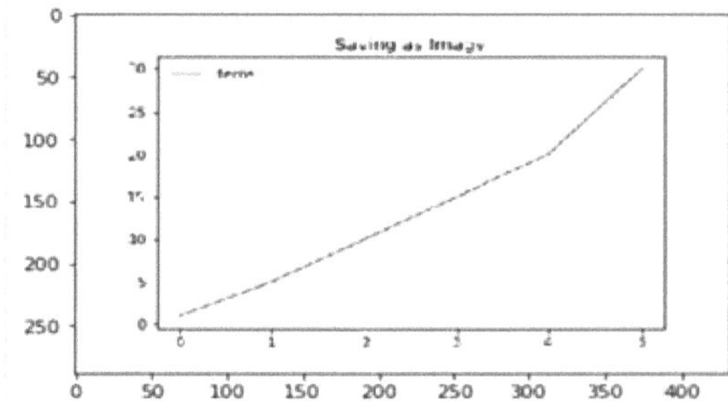

## CAPÍTULO 5

Análise exploratória de dados no conjunto de dados Iris

5.1 Análise univariada

Esta é considerada uma das formas básicas de análise. É normalmente o primeiro passo para compreender um conjunto de dados. A ideia da análise univariada é começar por compreender as variáveis individualmente. Depois, avança-se para a análise de duas ou mais variáveis em simultâneo. A análise univariada é uma forma de análise que envolve apenas uma única variável. Num contexto prático, uma análise univariada significa a análise de uma única variável (ou coluna) num conjunto de dados.

A análise univariada é um método estatístico utilizado na análise de dados para examinar e compreender as caraterísticas de uma única variável de cada vez. Envolve a exploração da distribuição, tendência central e variabilidade dessa variável sem considerar a sua relação com outras variáveis. O objetivo principal é obter informações sobre as caraterísticas individuais dos dados, revelando padrões e tendências.

5.1.1 Etapas da análise univariada

1. Identificar a variável específica a analisar.

2. Recolha de dados: Recolher os dados relevantes para a variável escolhida.

3. Estatísticas descritivas: Resumir as principais caraterísticas da variável utilizando medidas estatísticas como a média, a mediana, a moda, a amplitude, etc.

4. Visualização: Utilizar visualizações para compreender a distribuição dos dados.

5. Compreender a dispersão: Explorar a variabilidade ou dispersão dos dados utilizando medidas como a variância e o desvio padrão

6. Forma da distribuição: Examinar a forma da distribuição utilizando Skewness, Kurtosis, percentis e quartis.

7. Identificar valores atípicos: Identificar quais os pontos de dados que são significativamente diferentes dos restantes.

5.1.2 Estatísticas descritivas

A estatística descritiva ajuda a descrever, apresentar, resumir e organizar os dados, quer através de cálculos numéricos, quer através de gráficos ou tabelas. O resumo é efectuado a partir da amostra da população utilizando diferentes parâmetros como a média, a mediana, o desvio padrão, etc.

Por exemplo, suponha que tem os dados de compras por categoria de uma determinada loja em linha. Estes dados podem conter milhares ou milhares de registos. É impossível compreender estes dados só de olhar para eles. A estatística descritiva resume esta grande quantidade de dados e apresenta-os de uma forma simples e compreensível.

*A biblioteca de **estatísticas** Python contém várias funções para calcular vários valores estatísticos.*

Método	Descrição
statistics.harmonic_mean()	Calcula a média harmónica (localização central) dos dados fornecidos.
estatísticas.mean()	Calcula a média (average) dos dados fornecidos.
estatísticas.mediana()	Calcula a mediana (valor médio) dos dados fornecidos.
statistics.median_grouped()	Calcula a mediana de dados contínuos agrupados.
statistics.median_high()	Calcula a mediana alta dos dados fornecidos.
statistics.median_low()	Calcula a mediana baixa dos dados fornecidos.
estatísticas.modo()	Calcula a moda (tendência central) dos dados numéricos ou nominais

	fornecidos.
estatísticas.pstdev()	Calcula o desvio padrão de uma população inteira.
estatísticas.stdev()	Calcula o desvio padrão de uma amostra de dados.
estatísticas.pvariância()	Calcula a variância de uma população inteira.
estatísticas.variância()	Calcula a variância de uma amostra de dados.

O seguinte programa Python calcula as várias medidas de tendência central.

```
importar estatísticas como st
data=[45,67,80,56,32,78,56,35,95,60]
print("Média aritmética = ",end=" ") print(st.mean(data))
print("Geometric mean = ",end=" ") print(st.geometric_mean(data))
print("Harmonic mean = ",end=" ") print(st.harmonic_mean(data))
print("Median = ", end=" ") print(st.median(data)) print("Mode = ",end=" ")
print(st.mode(data))
```

Saída
```
Média aritmética =60       ,4
Média geométrica = 42,99048510122298
Média harmónica =53       ,99661189823524
Mediana =58 ,0
Modo   =56
```

Para calcular a média, a moda e a mediana de uma coluna num dataframe do pandas, podem ser utilizadas as seguintes funções: DataFrame.median, DataFrame.mean e DataFrame.mode. A biblioteca SciPy.stats também suporta várias funções estatísticas como tmean(), gmean, hmean, mode, etc.

As funções do pacote estatístico Python para medidas de dispersão são:

pstdev()	Desvio padrão da população dos dados.
pvariância()	Variância populacional dos dados.
stdev()	Desvio padrão da amostra de dados.
variância()	Variância amostral dos dados.
quantis()	Dividir os dados em intervalos com igual probabilidade.

O programa seguinte calcula as várias medidas de dispersão para um dado dado.

```
importar estatísticas como st
data=[1,2,5,6,7,9,12,15,18,19,27]
intervalo=max(dados)-min(dados)
print('Intervalo = ', intervalo)
print('Mediana = ', st.mediana(dados))
print('Desvio padrão = ',st.pstdev(data))
print('Variance = ', st.pvariance(data)) q=st.quantiles(data) #default 4
print('Quartiles = ', q)
print('Intervalo interquartil = ', q[2]-q[0])
```

Saída
```
Gama = 26
Mediana = 9
Desvio padrão = 7,675225788801975
Variância = 58,90909090909091
Quartis = [5,0  9,0  18,0] Intervalo interquartil = 13,0
```

A função Pandas **describe()** apresenta ao utilizador um resumo estatístico descritivo de todas as caraterísticas do conjunto de dados. É utilizada para visualizar alguns pormenores estatísticos básicos como percentil, média, std, etc. de um quadro de dados ou de uma série de valores numéricos. As estatísticas descritivas incluem as que resumem a tendência central, a dispersão e a forma da distribuição de um conjunto de dados, excluindo os valores NaN. Analisa séries numéricas e de objetos, bem como conjuntos de colunas DataFrame de tipos de dados mistos.

Para dados numéricos, o índice do resultado incluirá a contagem, a média, o padrão, o mínimo, o máximo, bem como os percentis inferior, 50 e superior. Por defeito, o percentil inferior é 25 e o percentil superior é 75. O percentil 50 é o mesmo que a mediana. Para tipos de dados mistos fornecidos através de um DataFrame, a predefinição é devolver apenas uma análise de colunas numéricas. Se o dataframe consistir apenas em dados de objeto e categóricos sem quaisquer colunas numéricas, a predefinição é devolver uma análise das colunas de objeto e categóricas.

O programa a seguir cria um dataframe com três colunas: Month e AvgTemp. A saída da função describe também é fornecida.

```python
import pandas as pd import numpy as np #Criar um dicionário data =
{'Month':['Jan','Feb','Mar','Apr','May','Jun','Jul','A
ug','Sep','Oct','Nov','Dec'],
'AvgTemp':[10.1,15.4,20.2,27.6,35.4,32.7,28.5,26.4,24.3,20.1, 19.2,12.8]}
#Criar um DataFrame
df = pd.DataFrame(data)
df.describe(include='all')
```

A saída é:

	Mês	Temperatura média
contagem	12	12.000000
único	12	NaN
topo	Jan	NaN
freq	1	NaN
média	NaN	22.725000
padrão	NaN	7.807354
min	NaN	10.100000
25%	NaN	18.2 5000 D
50%	NaN	22.250000
75%	NaN	27.82500 D
máximo	NaN	35.4 0000 D

Para visualizar vários gráficos em Python, utilizaremos o conjunto de dados da íris e as seguintes bibliotecas:

```python
importar matplotlib.pyplot as plt
%matplotlib em linha
importar seaborn as sns
importar plotly.express as px
```

5.1.3 Estatísticas descritivas

```python
i.  df.shape
            Número de linhas e colunas no conjunto de dados
```

Saída:
```
(150, 5)
ii. df.tamanho
```
Saída:
```
750
iii.  df.colunas
```
Saída:
```
Index(['sepal.length', 'sepal.width', 'petal.length',
'petal.width','species'],dtype='object')
```

iv. df.info()

Saída:

```
<class 'pandas.core.frame.DataFrame'>
Índice de alcance: 150 entradas, 0 a 149
```

s	Coluna	Não-Contagem nula	Tipo D
0	sépala.comprimento	150 não nulo	flutuante64
1	largura da sépala	150 não nulo	flutuante64
2	pétala.comprimento	150 não nulo	flutuante64
3	pétala.largura	150 não nulo	flutuante64
4	espécies	150 não nulo	objeto

```
dtypes: float64(4), object(1)
```

utilização de memória: 6.0+ KB

v. df.dtypes

Saída:

```
sepal.          lengthfloat64
sepal.          widthfloat64
pétala.         comprimentofloat64
pétala.         largurafloat64
    espécie-objeto
dtype: objeto
```

vi. df.species.value_counts()

Contar o número de entradas para cada espécie

Saída:

```
    Setosa50
    Versicolor50
    Virginica50
Nome: species, dtype: int64
```

Conclusão

- O conjunto de dados tem o mesmo número de entradas para as três espécies
- O conjunto de dados não tem entradas nulas
- Quatro colunas são de tipo numérico (float64 bit)
- Apenas tipo categorial de coluna única (Objeto)

vii. df.head

Saída:

	comprimento da sépala	largura da sépala	pétala.comprimento	pétala.largura	espécies
0	5.1	3.5	1.4	0.2	Setosa
1	4.9	3.0	1.4	0.2	Setosa
2	4.7	3.2	1.3	0.2	Setosa
3	4.6	3.1	1.5	0.2	Setosa
4	5.0	3.6	1.4	0.2	Setosa

viii.   df.tail()

Saída:

	sepal.comprimento	largura da sépala	pétala.comprimento	pétala.largura	espécies
145	6.7	3 0	5.2	2.3	Virgínia
146	6.3	2.5	5.0	1.9	Virgínia

	147	6.5	3.0	5.2	2.0 Virginica
	146	6.2	3.4	5.4	2.3 Virgínia
	149	5.S	3.0	5.1	1.8 Virgínia

ix. df.sample(10)

Saída:

	sépala.compriment o	largura da sépala	pétala.compriment o	pétala.largura	espécies
55	5.7	2.8	4.5	**1.3**	Versicolor
25	5.0	3.0	**1.6**	0.2	Setosa
4S	5.1	3.8	**1.6**	0.2	Setosa
75	6.6	3.0	**4.4**	1.4	Versicolor
137	6.4	3.1	5.5	1.8	Virginica
144	6.7	3.3	**5.7**	2.5	Virginica
45	4.8	3.0	**1.4**	0.3	Setosa
35	5.7	3.0	**4.2**	**1.2**	Versicolor
99	5.7	2.8	4.1	**1.3**	Versicolor
105	7.6	3.0	6.6	2.1	Virginica

x. Ver as linhas 10 a 20

df[10:20]

Saída:

	sepal.comprime nto	largura da sépala	pétala.comprime nto	pétala.largura	espécies
10	5.4	3.7	1.5	0.2	Setosa
11	4.8	3.4	1.6	0.2	Setosa
12	4.8	3.0	1.4	0.1	Setosa
13	4.3	3.0	1.1	0.1	Setosa
14	5.8	4.0	1.2	0.2	Setosa
15	5.7	4.4	1.5	0.4	Setosa
1S	5.4	3.9	1.3	0.4	Setosa
17	5.1	3.5	1.4	0.3	Setosa
1β	5.7	3.8	1.7	0.3	Setosa
13	5.1	3.8	1.5	0.3	Setosa

xi. df.describe()

a. Valores médios

b. Desvio padrão

c. Valores mínimos

d. Valores máximos

Saída:

	sépala.compriment o	largura da sépala	pétala.compriment o	pétala.largu ra
contag em	150.000000	150.000000	150.000000	150.000000
média	5.843333	3.057333	3.75BOOO	1.199333
padrão	0.828066	0.435866	1.765298	0.76223B
min	4.300000	2.000000	1.000000	0.100000
25%	5.100000	2.BOO 000	1.600000	0.300000
50%	5.800000	3.000000	4.350000	1.300000
75%	6.400000	3.300000	5.100000	1.BOO000
máximo	7.900000	4.400000	6.900000	2.500000

xii. Descrever a classe setosa

	sepal.compriment o	largura da sépala	pétala.compriment o	pétala.largur a
conta	50.00000	50.000000	50.000000	50.000000

gem **média**	5.00600	3.428000	1..462000 0.246000
padrão	0.35249	0.379064	0.173664 0.105386
min	4.30000	2.300000	1..000000 0.100000
25%	4.80000	3.200000	1.400000 0.200000
50%	5.00000	3.400000	1.500000 0.200000
75%	5.20000	3.675000	1.575000 0.300000
máximo	5.80000	4.400000	1.900000 0.600000

```
xiii. Descrever a classe versicolor
```

	sépala.compri mento	largura da sépala	pétala.compri mento	pétala.largura
contagem	50.000000	50.000000	50.000000	50.000000
média	5 936000	2.770000	4.260000	1 326000
padrão	0 516171	0.313798	0 469911	0197753
min	4 900000	2.000000	3.000000	1.000000
25%	5.600000	2.525000	4.000000	1.200000
50%	5.900000	2.800000	4.350000	1.300000
75%	6 300000	3.000000	4.600000	1 500000
máximo	7.000000	3.400000	5.100000	1.800000

```
xiv. Descrever a classe virgem
```

	sépala.comprim ento	largura da sépala	pétala.comprim ento	pétala.largura
contagem	50.00000	50.000000	50.000000	50.00000
média	6.58800	2.974000	5.552000 2.02600	
padrão	0.63588	0.322497	0.551895 0.27465	
min	4.90000	2.200000	4.500000 1.40000	
25%	6.22500	2.800000	5.100000 1.80000	
50%	6.50000	3.000000	5.550000 2.00000	
75%	6.90000	3.175000	5.875000 2.30000	
máximo	7.90000	3.800 DOO	6.900000 2.50000	

5.1.4 Visualização de dados

1. Gráfico de dispersão

Este gráfico apresenta diferentes observações/valores da mesma variável correspondentes ao número de índice/observação. Utilize a função plt.scatter() do matplotlib para representar um diagrama de dispersão univariado. A função scatter() requer dois parâmetros para traçar o gráfico. Assim, neste exemplo, representamos a variável 'sepal.width' em relação ao número de observação correspondente que está armazenado como o índice do quadro de dados (df.index). O mesmo gráfico pode ser obtido utilizando a função sns.scatterplot() da biblioteca seaborn.

```
plt.scatter(df.index, df['sepal.width'])
plt.show()
```

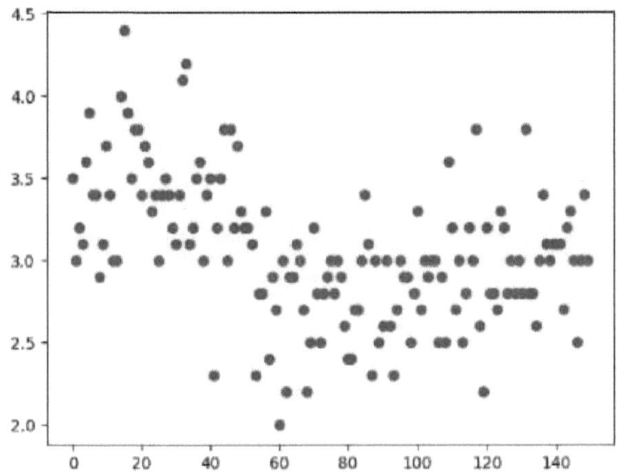

2. Histograma

Um histograma é uma representação gráfica de dados que utiliza barras de diferentes alturas. Apresenta a forma e a dispersão de dados de amostras contínuas. Um histograma apresenta a distribuição de dados através da criação de várias barras num intervalo contínuo. As barras mais altas mostram que há mais dados nesse intervalo. A função matplotlib.pyplot.hist() é utilizada para criar um histograma. A função seaborn sns.distplot() também pode ser utilizada para traçar um histograma.

```python
plt.hist(df['sepal.width']) plt.show()
```

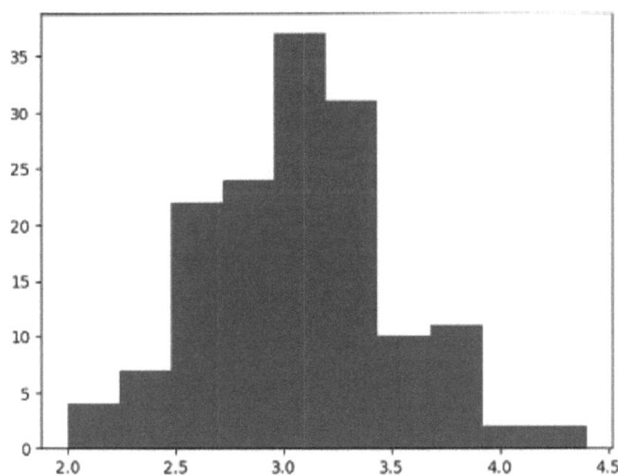

3. Gráfico de densidade

Um gráfico de densidade é como uma versão mais suave de um histograma. Geralmente, a estimativa da densidade de kernel é utilizada em gráficos de densidade para mostrar a função de densidade de probabilidade da variável. Uma curva contínua, que é o kernel, é desenhada para gerar uma estimativa de densidade suave para todos os dados.

```python
df['sepal.width'].plot(kind='density' )
```

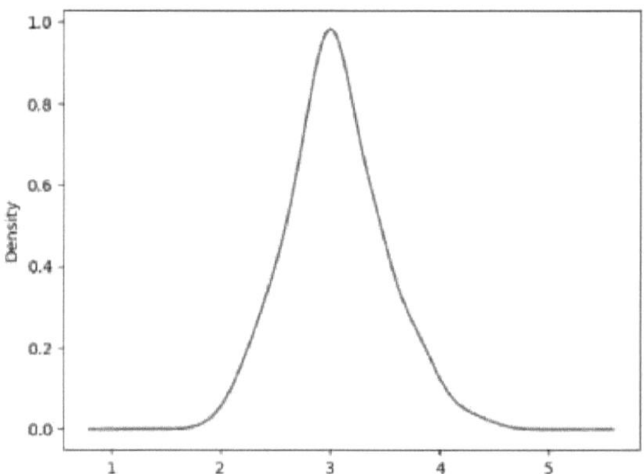

4. Gráfico de caixa

Um box-plot é uma forma muito útil e padronizada de apresentar a distribuição de dados com base num resumo de cinco números (mínimo, primeiro quartil, segundo quartil (mediana), terceiro quartil, máximo). Ajuda a compreender estes parâmetros da distribuição dos dados e é extremamente útil na deteção de valores atípicos. O gráfico de caixa apresenta os seguintes pormenores:

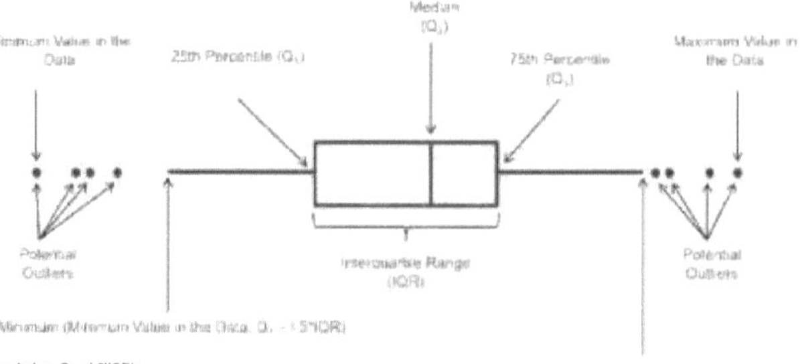

Máximo (valor máximo nos dados. Q₃ + 1.5*IQR)

```
plt.boxplot(df['sepal.width'])
```

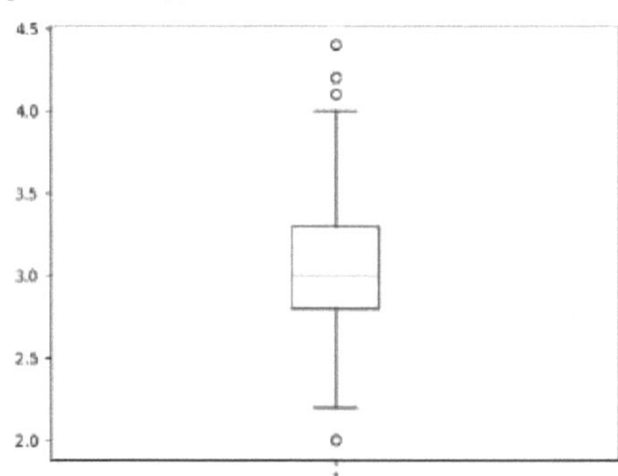

Podemos traçar os gráficos de caixa para todas as 4 variáveis utilizando o seguinte código:

```python
sns.set(style="ticks")
plt.figure(figsize=(12,10))
plt.subplot(2,2,1)
sns.boxplot(x='species',y='sepal.length',data=df)
plt.subplot(2,2,2)
sns.boxplot(x='species',y='sepal.width' ,data=df)
plt.subplot(2,2,3)
sns.boxplot(x='species',y='petal.length' ,data=df)
plt.subplot(2,2,4)
sns.boxplot(x='species',y='petal.width',data=df) plt.show()
```

Conclusão:

* Setosa tem caraterísticas mais pequenas e está menos distribuída.
* O Versicolor distribui-se de forma média e com caraterísticas médias.
* A Virginica é altamente distribuída, com uma grande variedade de valores e caraterísticas.

5. Lote de violino

Um gráfico de violino desempenha um papel semelhante ao de um gráfico de caixa. Mostra a distribuição de dados em vários níveis de uma (ou mais) variáveis categóricas (espécies de flores, no nosso caso), de modo a que essas distribuições possam ser comparadas. Ao contrário do gráfico de caixa, em que todos os componentes do gráfico correspondem a pontos de dados reais, o gráfico de violino mostra adicionalmente a estimativa da densidade de kernel da distribuição subjacente.

Código:

```python
sns.set(style="ticks")
plt.figure(figsize=(12,10))
plt.subplot(2,2,1)
sns.violinplot(x='species',y='sepal.length',data=df)
```

```python
plt.subplot(2,2,2)
sns.violinplot(x='species',y='sepal.width',data=df)
plt.subplot(2,2,3)
sns.violinplot(x='species',y='petal.length',data=df) plt.subplot(2,2,4)
sns.violinplot(x='species',y='petal.width',data=df) plt.show()
```

Conclusão:

- A Setosa apresenta uma menor distribuição e densidade no que respeita ao comprimento e largura das pétalas.
- A Versicolor apresenta uma distribuição média e caraterísticas médias no que respeita ao comprimento e largura das pétalas.
- A Virginica é altamente distribuída com um grande número de valores e caraterísticas no caso do comprimento e largura das sépalas.
- Setosa tem a maior densidade a 5,0 cm (caraterística do comprimento da sépala), que é também o valor mediano (5,0).

Seleção de caraterísticas para classificação

O nosso objetivo é ser capaz de identificar corretamente a espécie de flor Íris a partir das suas caraterísticas: comprimento da sépala, largura da sépala, comprimento da pétala e largura da pétala. Para descobrir que caraterística ou caraterísticas serão mais úteis do que outras variáveis para distinguir as espécies de flores de íris, desenharemos a função de densidade de probabilidade (PDF) com cada caraterística como variável no eixo X e o seu histograma e correspondente gráfico de densidade de kernel no eixo Y.

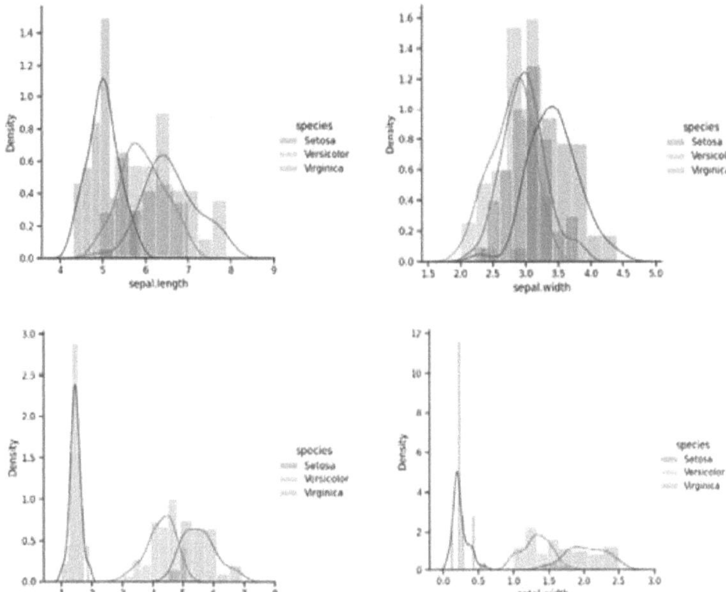

O gráfico de densidade revela que existe uma quantidade significativa de sobreposição entre as espécies no comprimento da sépala, pelo que não será uma boa ideia considerar o comprimento da sépala como uma caraterística distintiva na análise univariada. Com a largura da sépala como caraterística de classificação, a sobreposição é ainda maior do que o comprimento da sépala. A dispersão dos dados também é elevada. Por conseguinte, não podemos fazer qualquer comentário sobre a espécie da flor apenas com base na largura da sépala. O gráfico de densidade do comprimento das pétalas é adequado do ponto de vista da classificação univariada. As espécies de Setosa estão bem separadas de Versicolor e Virginica, embora haja alguma sobreposição entre Versicolor e Virginica. A representação gráfica da densidade da largura das pétalas apresenta uma ligeira intersecção entre as espécies Setosa e Versicolor, enquanto a sobreposição entre as espécies Versicolor e Virginica é um pouco semelhante à do comprimento das pétalas.

Resumindo, o comprimento das pétalas é a caraterística mais adequada para a classificação e distinção entre as espécies. Se tivermos de selecionar duas caraterísticas, escolheremos a largura da pétala como segunda caraterística.

5.2 Análise bivariada

Bi significa dois e variate significa variável, pelo que aqui existem duas variáveis. A análise está relacionada com a causa e a relação entre as duas variáveis. Um gráfico de dispersão é uma visualização de dados bidimensional que utiliza pontos para representar os valores obtidos para duas variáveis diferentes - uma representada ao longo do eixo x e a outra representada ao longo do eixo y.

Iremos traçar o gráfico de dispersão do Comprimento da Sépala vs Comprimento da Pétala.

```
sns.scatterplot(data=df, x='sepal.length', y='petal.length', hue='species'
)
plt.xlabel('Comprimento da sépala') plt.ylabel('Comprimento da pétala')
plt.show()
```

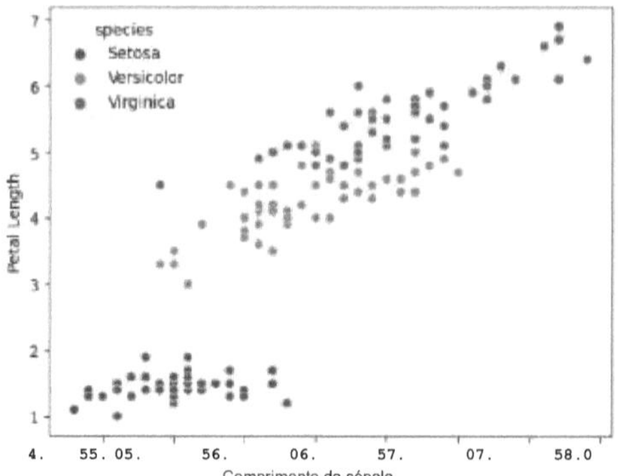

O gráfico de dispersão acima mostra a presença de três grupos de espécies de flores. Para determinar a correlação entre as variáveis, recorremos ao diagrama seguinte:

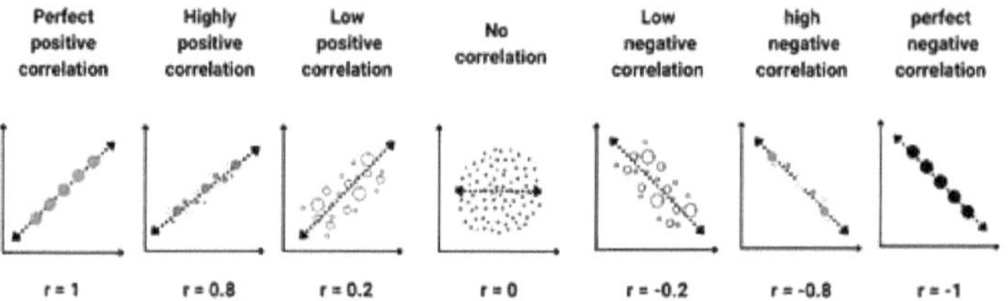

Observando o gráfico de dispersão do Comprimento das sépalas vs Comprimento das pétalas, podemos concluir que existe uma forte correlação positiva entre os dois. Podemos ainda traçar gráficos de dispersão para comparar o Comprimento do Sepal vs Largura do Sepal e Comprimento da Pétala vs Largura da Pétala.

```
sns.scatterplot(data=df, x='sepal.length', y='sepal.width', hue='species' )
plt.xlabel('Comprimento da sépala')
plt.ylabel('Largura do septo')
plt.show()
```

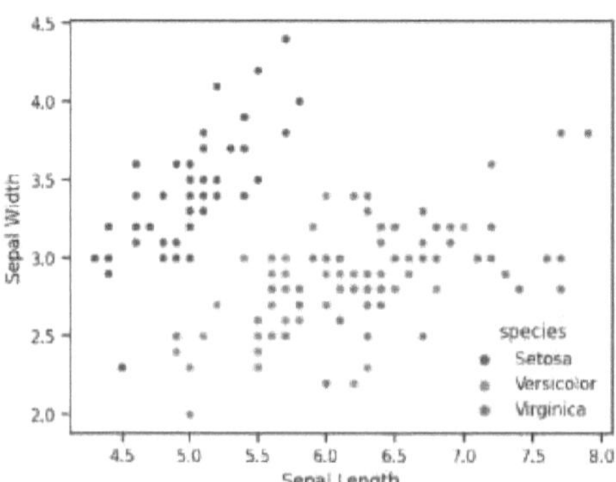


```
sns.scatterplot(data=df, x='petal.length', y='petal.width', hue='species')
plt.xlabel('Petal Length') plt.ylabel('Petal Width') plt.show()
```

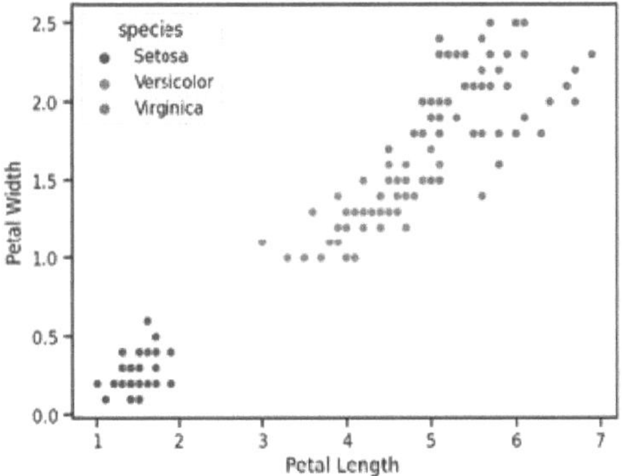

nclusão:

*   A espécie Setosa tem um comprimento de sépala mais pequeno mas uma largura maior.
*   O Versicolor tem valores médios para o comprimento e para a largura.
*   A Virginica tem sépalas de maior comprimento e de menor largura

5.3 Análise multivariada

A análise multivariada envolve a avaliação de múltiplas variáveis para identificar qualquer associação possível entre elas. A análise multivariada oferece um exame mais completo dos dados, analisando todas as variáveis independentes possíveis e as suas relações entre si. Isto também nos ajudará a identificar a caraterística mais proeminente e as correlações.

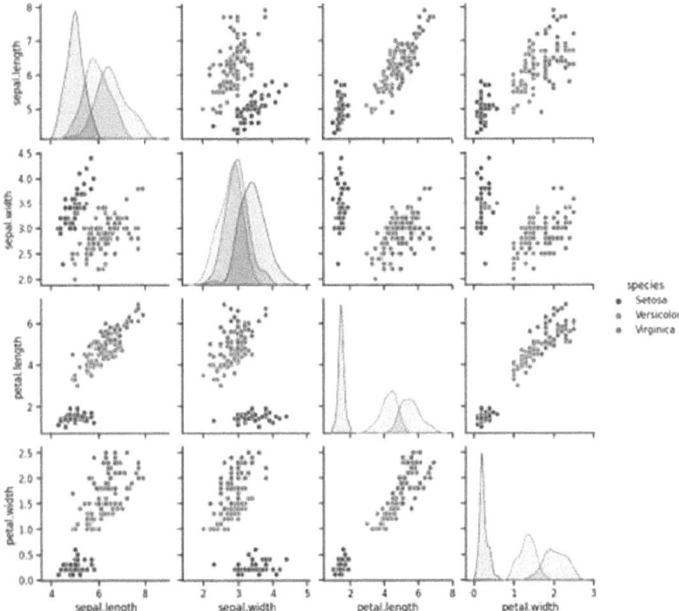

Par trama

Os gráficos de pares, mostrados acima, são uma boa maneira de visualizar as relações entre cada variável. Produz uma matriz de relações entre cada variável do conjunto de dados. A figura seguinte apresenta os gráficos de pares para o conjunto de dados da íris.

Código:

```
sns.pairplot(df,hue='species' )
```

A partir dos gráficos de pares, podemos ver o gráfico de dispersão entre duas caraterísticas quaisquer e as distribuições. Como podemos ver, o comprimento das pétalas está a separar a íris setosa das restantes. Além disso, o comprimento das pétalas e a largura das pétalas permitem-nos separar facilmente as flores.

Matriz de correlação

A correlação entre pares de todas as colunas do quadro de dados pode ser obtida utilizando a função Pandas corr().

	sépala.compri mento	largura da sépala	pétala.compri mento	pétala.largu ra
SepaLlengtli	1.000000	-0.117570	0.871754	0.817941
largura da sépala	-0.117570	1.000000	-0.428440	-0.366126
pétala.compri mento	0 871754	-0.428440	1.000000	0.962865
pétala.largura	0 817941	-0.366126	0.962865	1.000000

Mapas de calor

O mapa de calor é uma técnica de visualização de dados para analisar o conjunto de dados como cores em duas dimensões. Mostra uma correlação entre todas as variáveis numéricas no conjunto de dados.

Código:

```
sns.heatmap(df.corr(), annot = True)
```

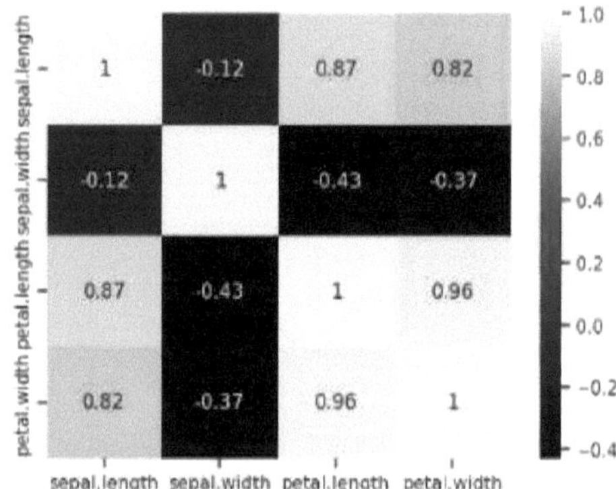

A partir dos valores acima, podemos concluir que :

i.   A largura e o comprimento das pétalas têm correlações elevadas.

ii.   O comprimento das pétalas e a largura das sépalas apresentam boas correlações.

iii.   A largura das pétalas e o comprimento das sépalas têm boas correlações.

Para correlacionar várias caraterísticas, são utilizadas técnicas de aprendizagem automática não supervisionadas, como a redução da dimensionalidade e o agrupamento, para descobrir padrões e relações nos dados.

Referências

1. Mukhiya, S. K., & Ahmed, U. (2020). *Análise prática de dados exploratórios com Python: Execute técnicas de EDA para entender, resumir e investigar seus dados.* Packt Publishing Ltd.
2. Fuentes, A. (2018). *Torne-se um analista de dados Python: realize análises exploratórias de dados e obtenha insights sobre computação científica usando Python.* Packt Publishing Ltd.
3. Tukey, J. W. (1977). *Exploratory data analysis,* Addison-Wesley Ltd.
4. Beazley, D., & Jones, B. K. (2013). *Livro de receitas Python: Receitas para dominar o Python 3.* O'Reilly Media, Inc.
5. Matthes, E. (2023). *Curso rápido de Python: Uma introdução prática à programação, baseada em projectos.* No starch press.
6. Lutz, M. (2013). *Aprendendo python: Poderosa programação orientada a objetos.* O'Reilly Media, Inc.
7. Dale, K. (2022). *Visualização de dados com Python e JavaScript.* O'Reilly Media, Inc.

Printed by Books on Demand GmbH, Norderstedt / Germany